쓴다는 것

너머학교 열린교실 20

쓴다는 것

박철현 글 이윤희 그림

너머학교

사람은 자연학적으로는 단 한 번 태어나고 죽지만 인문학적으로는 여러 번 태어나고 죽습니다. 세포의 배열을 바꾸지도 않은 채 우리의 앎과 믿음, 감각이 완전 다른 것으로 변할 수 있습니다. 이것은 그리 신비한 이야기가 아닙니다. 이제까지 나를 완전히 사로잡던 일도 갑자기 시시해질 수 있고, 어제까지 아무렇지도 않게 산 세상이 오늘은 숨을 조이는 듯 답답하게 느껴질 때가 있습니다. 내가 다른 사람이 된 것이지요.

어느 철학자의 말처럼 꿀벌은 밀랍으로 자기 세계를 짓지만, 인간은 말로써, 개념들로써 자기 삶을 만들고 세계를 짓습니다. 우리가 가진 말들, 우리가 가진 개념들이 우리의 삶이고 우리의 세계입니다. 또 그것이 우리 삶과 세계의 한계이지요. 따라서 삶을 바꾸고 세계를 바꾸는 일은 항상 우리 말과 개념을 바꾸는 일에서 시작하고 또 그것으로 나타납니다. 우리의 깨우침과 우리의 배움이 거기서 시작하고 거기서 나타납니다.

아이들은 말을 배우며 삶을 배우고 세상을 배웁니다. 그들은 그렇게 말을 만들어 가며 삶을 만들어 가고 자신이 살아갈 세계를 만들어 가지요. '생각교과서―열린교실' 시리즈를 준비하며, 우리는 새로운 삶을 준비하는 모든 사람들, 아이로 돌아간 모든 사람들에게 새롭게 말을 배우자고 말하고자 합니다.

무엇보다 삶의 변성기를 경험하고 있는 십대 친구들에게 언어의 변성기 또한 경험하라고 말하고 싶습니다. 그래서 자기 삶에서 언어의 새로운 의미를 발견한 분들에게 그것을 들려 달라고 부탁했습니다. 사전에 나오지 않는 그 말뜻을 알려 달라고요. 생각한다는 것, 탐구한다는 것, 기록한다는 것, 읽는다는 것, 느낀다는 것, 믿는다는 것, 논다는 것, 본다는 것, 잘 산다는 것, 사람답게 산다는 것, 그린다는 것, 관찰한다는 것, 말한다는 것, 이야기한다는 것, 기억한다는 것, 가꾼다는 것, 차별한다는 것, 듣는다는 것, 쓴다는 것……. 이 모든 말의 의미를 다시 물었습니다. 그리고 서로의 말을 배워 보자고 했습니다.

'생각교과서—열린교실' 시리즈가 새로운 말, 새로운 삶이 태어나는 언어의 대장간, 삶의 대장간이 되었으면 합니다. 무엇보다 배움이 일어나는 장소, 학교 너머의 학교, 열려 있는 교실이 되었으면 합니다. 우리 모두가 아이가 되어 다시 발음하고 다시 뜻을 새겼으면 합니다. 서로에게 선생이 되고 서로에게 제자가 되어서 말이지요.

고병권

차례

글은
왜 쓰는가

글 쓰는 작가
인테리어 기술자
아이 넷의 아버지

글쓰기에 도전하고 싶은
중학생

"108호실에 문짝 세 개, 109호실에는 양변기 세트 두 개 나르면 됩니다."

　벌써 1년 전 일이지만 정확하게 기억나요. 도쿄 코리아타운으로 유명한 신주쿠 신오쿠보 공사 현장을 감독하고 있을 때였습니다. 새로 사 온 문짝과 변기 세트를 어디에 배치해야 하는지 목수들에게 설명하던 그때 페이스북 메신저로 이 책의 원고 의뢰 메시지를 받았습니다. 막 신작 소설과 에세이를 거의 동시에 냈던 시기라 그와 관련된 언론사의 칼럼 혹은 취재 의뢰라고 지레짐작했어요. 그런데 일을 마치고 사무실에 돌아와 메신저를 다시 확인해 보니 책 원고 의뢰였어요. 그것도 청소년 독자를 대상으로 한 글쓰기에 관한 책! 처음엔 말도 안 된다고 생각했죠. 왜냐하면 제 직업이, 앞에서 잠깐 언급했듯이, 흔히 말하는 '노가다'(공사장에서 여러 일을 하는 노동자를 일컫는 말. 표준어로는 막일꾼)였기 때문입니다.

　노가다가 본업인 저한테 '쓴다는 것'을 써 달라고 하니 솔직히 가능한 일일까 의문이 들었어요. 물론 지금까지 책을 몇 권 내긴 했지만, 에세이는 가족과 저의 이야기였고, 소설은 막 데뷔한 햇병아리였던지라 보통 엄청난 성취를 일궈 낸 이름난 작가들이 쓴다는 이른

바 '작법 개론서'를 어떻게 쓰나, 이런 생각이 먼저 든 것이죠. 이런 생각을 메신저로 다시 보내자 편집자는 저에게 이런 말을 했어요.

"작가님 큰따님이 지금 중학생 아닌가요?"

"네. 맞아요. 세상에서 가장 무섭다는 중2입니다."

"그 딸아이한테 쓴다는 느낌으로 쓰시면……."

"무슨 말인지는 알겠는데 그걸 질풍노도의 중2들이 읽겠습니까?"

"……."

"아, 농담입니다. 하하하."

약간 어색한 침묵이 흐른 후 충격(?)에서 벗어난 그는 "평소 페이스북이나 신문 등에 어떻게 규칙적으로 다양한 글을 쓸 수 있는지, 그리고 지난 1년간 세 권의 책을 낸 원동력이 어디서 오는 것인지 등등을 다양하게 풀어 주면 생생한 글쓰기 책이 될 것 같은데요."라고 말했습니다. 그제야 어렴풋이 감이 왔어요. 무엇보다 '아, 거창하고 딱딱한 그런 작법론에 관한 내용은 안 써도 되는구나.'라는 안도감이 들었지요. (물론 그런 종류의 책은 쓸 능력이 안 됩니다.)

그래서 미리 말씀드려요. 여러분이 제대로 된 글쓰기, 그러니까 일종의 '정파 무공비급'을 배우고 싶다면 이 책은 맞지 않을 테니 시간 절약을 위해 읽지 않는 것이 좋습니다. 무엇보다 제가 정통적인 글쓰기 공부, 이를테면 문장 구조론 등을 공부한 적이 없으니까요. 그런데 또 반대로 생각해 보면 그런 유의 학습을 체계적으로 하지 않은 저 같은 사람이 칼럼을 쓰거나 책을 내고 있다는 것도 팩트예요. 신기하죠?

이 책은 어떻게 이러한 팩트가 이루어질 수 있었는지에 관한 이야기입니다. 청소년 시기에 책이라곤 만화책이나 무협지 정도만 읽었던 제가 어떤 무공비급을 얻었기에 돈 받고 글 쓰는, 이른바 '프로 글쟁이'가 되었는가에 관한 내용이 될 겁니다. 그렇다고 저처럼 하라는 소리는 물론 아니에요. 다만 '이렇게 쓰는 사람도 있구나.'라고 참고하면 좋을 것 같아요. 여러 이야기를 풀어놓을 건데, 이 안에서 자기한테 맞는 괜찮은 방법이 있다고 생각되면 한번 시도해 보는 것도 좋을 것 같네요.

마지막으로 글쓰기 자체에 아예 관심이 없는 친구들은 굳이 읽지 않아도 돼요. 그 시간에 다른 걸 하는 것이, 여러분의 인생에 훨씬 남는 장사니까요. 자, 준비됐나요? 그렇다면 이제 무공비급…… 아, 아니 책장을 넘기세요.

글쓰기를 해야 하는 이유

먼저 '글을 왜 써야 하는지'에 대해 이야기를 해 볼까요? "글 안 쓰고 못 써도 먹고사는 데 지장 없다."라고 말하는 사람들도 간혹 있는데, 물론 그 말도 일리는 있습니다. 그런데 글쓰기를 잘하면 잘 먹고 잘

살 수 있는 확률이 조금 더 올라가요. 무엇보다 사람의 삶이 먹고사는 것만으로 끝나지 않지요. 보통의 포유류와 인간이 구분되는 이유도 여기에 있습니다. 인간이 사자, 호랑이, 돼지처럼 본능에만 충실한 삶을 살았다면 이러한 문명 발전을 이뤄 내지도 못했을 거예요. 여러분이 지금 이 책을 읽을 수 있는 것도 본능적인 '먹고사니즘'에서 한발 더 나아간 인간의 탁월한 '기록' 능력 덕분이고, 이러한 기록이 인간 사회를 발전시켜 왔습니다. 이 기록이 바로 글쓰기입니다.

친구들과 다투고 집에 돌아가는 길.

글쓰기를 해야 하는 이유는, 크게 원론적인 것과 실제적인 것으로 나눌 수 있어요.

원론적인 것부터 말하자면 우선 자기 인생에 대한 기록이 됩니다. 이러한 기록이 모여 역사가 되지요. 조선 시대 왕에 대한 기록이 『조선왕조실록』이 되었듯이 여러분이 지금 남긴 기록은 여러분만의 역사가 됩니다. 일단 뭐든 적어 두면, 나중에 나이 들어 그것을 우연히 봤을 때 놀라우면서도 신기한 감정을 느낄

노을이 지는 풍경을 봤는데
아름다웠지만 내 마음은 답답했어.

거예요. 또 그것들은 대부분 애틋한 추억으로 다가올 겁니다. 물론
그 안에는 흑역사도 존재하겠지만, 성인이 된 후 읽어 보면 '허허허'
웃어넘길 만한 이야기들이죠. 예를 들면 첫사랑과 헤어지고 난 후 세
상 떠나갈 듯한 심정으로 눈물을 흘리며 휘갈겨 썼던 이별의 기록마
저도 나중에 읽어 보면 별것 아닌 경우가 꽤 있어요. 당시엔 세상이
날 버린 것처럼 좌절했겠지만, 결국 시간이 낫게 해 주는 경우가 많

죠. 물론 트라우마로 남아 평생을 괴롭게 사는 사람들도 있지만 극히 소수입니다. 아무튼 이 이별의 역사는 다른 사람들은 절대 모르는 자신만의 역사로 남을 거예요. 그런데 가만 생각해 보면 이런 역사도 여러분이 헤어졌을 때 그 감정을 못 이겨 뭔가를 적어 놓았기 때문에 가능한 겁니다.

이걸 좀 더 확장해 생각해 봅시다. 매일 뭔가를 쓴다면, 이것들이 다 역사가 될 수 있겠죠? 요즘엔 스마트폰으로 영상을 찍는 사람도 있다고 합니다만, 용량 문제도 있고 다 떠나서 좀 민망하죠. 누가 도와주지 않는다면 혼자서 자기 얼굴을 쳐다보면서 몇 분 동안 계속 찍어 댄다는 말인데, 웬만한 나르시시스트가 아니라면 이런 촬영 기록을 오래 계속하기에는 힘들지 않을까요?

여러분이 초등학교 다닐 때 일기 쓰는 숙제가 있었던 이유도 여기에 있습니다. 중학교 때부턴 아무래도 입시도 있고 하니까 일기 쓰는 숙제는 사라집니다만, 초등학교 때는 왜 그렇게 일기를 쓰게 했을까요? 아직 아무것도 모르는 초등학생 시절에 조금은 강제적이더라도 기록을 습관화하는 능력을 심어 주기 위해서라고 생각해요. 앞에서 말한 자기 역사를 기록하는 것도 있지만, 실제적인 이유도 있어요. 쓰는 것을 몸이 기억하게 해 놔야 공부에 도움이 되기 때문이에요.

공부라는 게 뭘까요? 쓰면서 원리를 파악하고 암기하고 또 한 번 더 쓰면서 복습하는 거예요. 한 번 척 보고 머릿속에서 대강 획획 계산해서 아는 천재도 있겠지만, 그런 친구들은 백만 명 중 한 명 나올까 말까 하고 대부분은 공부한 시간만큼 성적이 오르게 되어 있어요. 그런데 공부를 하려고 딱 앉았는데 쓰는 훈련이 안 되어 있으면 어떻게 될까요? 조금 하다가 지겨워지죠. 뭔가를 쓴다는 것 자체가 지겨운 사람은 공부 자체가 불가능해요. 그래서 초등학교 때 매일 일기를 반강제적으로 쓰게 하는 거예요. 습관을 심어 주기 위해서예요. 이게 바로 앞에서 말한, 글쓰기를 하라는 실제적인 이유입니다.

답답한 마음을 친구에게 편지로 쓸까?
혼자 일기를 써 볼까? 어쨌든 오늘은
써 보고 싶어. 내 마음이 뭔지.

이런 방법도 나쁘다고 생각하지 않아요. 뭐든 노력한 만큼 대우를 받아야 해요. 노력조차 안 한 친구들이 잘될 거라고 생각하고, 또 그들 중 몇몇은 부모나 집안의 후광 및 경제력으로 좋은 학교에 가거나 회사에 취직하는 건 옳지 않다고 생각해요. 제가 글쓰기를 추천하는 이유도, 어쩌면 전통적 의미의 '노력'이 가장 빛을 발하는 분야라서 그럴지도 모르겠네요. 실제로 글쓰기 습관을 어렸을 때부터 잘 들인 친구는, 논리적인 사고력은 물론 문장력 및 독해력도 늘 수밖에 없어요.

종합하자면 글쓰기는 자기 인생의 기록이자 학교 성적을 포함해 자신의 또 다른 능력을 향상시키는 데 도움을 주는 가장 기본 요소가 아닐까 합니다. 그렇기 때문에 글쓰기 자체에 아예 관심 없는 이들은 굳이 읽지 않아도 돼요. 하지만 여기까지 읽었다는 건, 적어도 여러분은 글쓰기에 관심이 있다고 할 수 있겠네요. 이제 어떻게 하면 글을 잘 쓸 수 있는지, 그 이전에 글 쓰는 근육과 습관을 정착시킬 수 있는지, 실전의 세계를 소개할까 합니다.

글은 왜 쓰는가

안녕하세요?

저는 『쓴다는 것』을 쓴 작가입니다.

신문에 글을 연재도 하고 책도 몇 권 냈죠.

생업도 있는 제가 왜 계속 글을 쓰는지,

어이! 뭐해!

궁금하지 않으신가요?

무엇을
바꾸어야
하는가

우선 습관을 바꾸어야 한다

이쪽 분야에서는 당연한 전제가 되어 버린 유명한 이야기가 있어요. '글을 잘 쓰려면 책을 많이 읽어야 한다.'라는 말인데요. 굳이 글쓰기를 잘하기 위해서가 아니더라도 평소에 책 읽으라는 소리를 많이 들을 겁니다. 제가 어렸을 때도 그런 말을 들었고, 지금 여러분에게도 독서의 중요성을 강조하는 어른들이 정말 많을 거예요. 책을 많이 읽는 것은 안 읽는 것보다는 확실히 낫습니다. 인문서는 지식을 넓혀 주고 간접경험을 하게 해 줘요. 잘 쓰인 대중 역사서나 에세이, 특히 여행 분야 책은 자신이 그 시공간에 직접 있지 않아도(혹은 있을 수 없어도) 그 현장 한가운데에 서 있는 느낌을 줍니다.

　지금도 널리 읽히는 『삼국지』는 실제 역사를 배경으로 한 나관중의 소설인데 읽다 보면 자신이 마치 그 시대의 한복판에 서 있는 듯해요. 때로는 조자룡이 되고 관우가 되는 거죠. 삐뚤어지고 싶을 땐 조조도 되었다가(사실 조조가 그렇게 나쁜 사람은 아닌데, 나관중이 유비를 주인공으로 삼다 보니 아무래도 촉나라 쪽 등장인물에 감정이입을 하기 쉽습니다. – 필자 주) 손권도 되어 보는 거예요. 아무튼 이 소설을 통해 위나라, 촉나라, 오나라에 관심을 가지고 당시의 정사는 과연 어떠했는가를 찾아보는 이가 꽤 많습니다. 이렇듯 소설 창작물은 활자만으로 이루어진 문장임에도 불구하고 독자 스스로 그 공간과 상황, 등장인물의 심리를 생각하게끔 만들어요. 이렇게 뇌가 활발하게 움직이니 도움이 안 될 리가 없겠지요?

독서는, 그래서 인간이 할 수 있는 능동적이며 지적인 행위에 들어갑니다. 이 점이 바로 영화나 유튜브 같은 영상 매체를 감상하는 것과 결정적 차이라고 할 수 있어요. 짧으면 2~3분, 길어도 3시간여에 불과한 유튜브 영상이나 장편 대중 영화 등은, 대부분 아무 생각 없이 눈앞에 펼쳐지는 영상 텍스트를 따라가기만 해도 돼요. 주체적으로 해석하지 않아도 별다른 문제가 없지요. 물론 리뷰 글을 쓰거나 영상 리뷰를 만드는 이들, 즉 능동적으로 영상 콘텐츠를 재해석하는 사람들도 있습니다.

그런데 신기하게도 이러한 사람(리뷰어)들은 종종 영화를 '보는' 것이 아니라 '읽는다'라고 표현해요. 실제로 미국의 유명한 영화평론가 조셉 보그스는 그의 책『영화보기와 영화읽기(The Art of Watching Films)』(이용관 역, 제3문학사)에서 영화를 능동적으로 보고 재해석하는 사람들을 '영화를 읽는다'라고 말하기도 했습니다. 저도 대학에서 영화 연출을 전공했습니다만, 실제로 수업을 받다 보면 교수님들이 영화를 '읽는' 훈련을 시키더군요. 특히 영화 이론이나 비평

분야를 공부하는 친구들은 거의 모든 영화를 그렇게 본다고 해도 과언이 아닙니다. 솔직히 고달프죠. 눈으로 보라고 만들어 놓은 영상 콘텐츠를 읽어야 하니까요.

하지만 독서는 굳이, 의식적으로 그렇게 하지 않아도 됩니다. 문장을 읽어 내려가다 보면 자연스레 어떤 현실의 장면을 상상하고, 자신의 뇌 안에 공간을 만들어 냅니다. 상상력을 발동시키죠. 그래서 독서, 특히 소설 같은 창작물을 읽는 것은 지식도 지식이지만 능독적이고 주체적인 상상력과 창의력을 기르는 데 확실히 도움이 됩니다.

매일 하루에 1시간씩
글 쓰는 습관?!

쓴다는 것

하지만 글을 잘 쓰기 위해 반드시 책을 많이 읽어야 한다는 건 아니에요. 둘의 연관 관계는, 오히려 제 경험상 하나도 없다고 해도 무방합니다. 왜냐고요? 일단 제가 책을 그리 많이 읽지 않거든요. 그런데 저만 그런 게 아닙니다. 한국에서도 폭발적인 인기를 끌고 있는 일본 소설가 히가시노 게이고(東野圭吾)는 2012년 『나미야 잡화점의 기적』으로 일본 중앙공론 문예상을 수상한 바 있는데 소감을 묻는 자리에서 이런 말을 남겼어요.

"어렸을 때 저는 책읽기를 너무나 싫어했던 소년이었어요. 선생님이 어머니에게 따로 만화 말고 다른 책도 좀 읽게끔 지도해 달라는 말을 할 정도였죠. 그런데 어머니 대답이 걸작이었어요. 선생님께 '우리 아이는 만화도 안 읽는데 어떡하죠?'라고 한 겁니다. 그러자 선생님은 '그럼 우선 만화라도 좀 읽게끔⋯⋯'이라며 말끝을 흐렸습니다." 그리고 그는 "나처럼 책을 읽기 싫어하는 사람도 끝까지 읽을 수 있게끔 쓰자고 항상 생각합니다."라고 덧붙이기도 했죠.

이건 창작 글쓰기를 하는 작가들의 특징 중 하나이기도 해요. 많은 작가들은 대체로 독서 같은 간접경험보다 취재라는 직접경험을 즐깁니다. 자신의 글을 써야 하기 때문에 물리적으로 시간이 없는 것도 있지만, 책을 많이 읽으면 누군가의 문체나 내러티브, 핵심 설정 등을 무의식 중에 흉내 낼 수 있다는 두려움이 존재하기 때문이지요. 2015년에 신경숙 작가를 둘러싼 일련의 표절 사건이 있었어요. 인터넷 검색하면 금방 나올 거니까 자세한 내용은 직접 찾아보세요. 아무튼 이런 위험성이 존재하는 것도 사실이에요. 신경숙 작가를 옹호하는 것이 아니라, 저도 제 글을 쓰다 보면 어딘가에서 분명히 읽었을 법한 내용 같다는 생각을 할 때가 있으니까요. 그래서 아예 이러한 위험을 미연에 방지하기 위해 독서 자체를 멀리하는 작가들도 꽤 있다고 보시면 돼요.

그래서 대부분의 작가는 어떤 아이디어가 떠오르면 직접 취재를 해요. 해당 분야의 친구를 만나거나 인맥을 총동원해 인터뷰를 하죠. 요즘엔 인터넷, 특히 유튜브나 소셜 미디어를 통한 취재도 많이 해요. 왜 취재를 하냐고요? 그건 제일 처음 떠오르는 아이디어가 아주 단순하기 때문이에요. 파편화된 이미지나 어떤 극적인 클라이맥스 혹은 반전 시퀀스만 달랑 튀어나오죠. 글자 수로 치면 100자도 안 되는 짧은 시추에이션을 몇만 자, 아니 몇십만 자짜리 이야기로 만들어야 하니 얼마나 많은, 게다가 말이 되는 살을 붙여야 할까요? 작가의 취재는 그러한 뼈대를 만들고 살을 붙이는 작업이에요. 처음의 아이디어가 불현듯 만들어진 '심장'이라면 작가의 취재는 '뇌'입니다. 뇌가 시키는 대로 취재를 하다 보면 사람, 즉 작품이 탄생하는 셈이에요.

간단하죠? 그런데 많은 사람이 글을 못 써요. 글 쓰는 습관이 갖춰져 있지 않거든요. 다들 말로는 천하에 둘도 없는 파란만장한 인생

스토리가 있지요. 여러분도 근처 어른들, 아니 그냥 아버지를 한번 떠올려 보세요. 밖에서 기분 좋게 술 한잔하고 들어온 아버지가 술 냄새 풀풀 풍기며 여러분을 끌어안고 이런 이야기하는 것을, 적어도 한 번쯤은 들어 본 적이 있을 거예요.

"누구누구야! 내 인생을 책으로 쓰면 열 권도 부족할 거야. 우리 가족을 위해 아빠가 마음잡고 이렇게 열심히 살고 있는 거 알지?"

귀여운 술주정으로 여기면 그뿐입니다만, 분명히 당신의 아버지는 당신이 모르거나 감히 상상할 수 없는 파란만장한 삶을 살았을 거예요. 진짜 책 열 권이 부족한 인생일 수도 있어요. 그런데 문제는 그 열 권짜리 책이 없다는 겁니다. 당연해요. 안 썼기 때문이죠. 그리고 아마 앞으로도 아버지는 쓰지 않을 겁니다. 술 취할 때 한 번씩 연례행사로 그런 말을 마치 철 지난 테이프처럼 반복하겠죠.

맞아요. 가장 원초적인 문제가 바로 여기에 있습니다. 다들 글을 잘 쓰고 싶어 하고 누구나 깜짝 놀랄 만한 스토리를 가지고 있어요. 근데 안 써요. 왜 안 쓰냐고요? 다시 한 번 말하지만 이유는 오직 하나뿐이에요. 글 쓰는 습관이 몸에 배어 있지 않아서입니다.

매일 1시간씩 정해진 시간에 글 쓰는 습관

쓰기 위해서는 무조건 습관을 바꾸어야 해요. 사물을 관찰하고 정리

하는 습관을 기르라고 말하고 싶지만 당장 그렇게 하기엔 힘들 거예요. 그래서 저는 "항상 글을 쓰려면 어떻게 해야 하나?"고 묻는 독자들에게 "시간을 확보하라."고 말합니다. 하루에 1시간만 글쓰기에 온전히 사용하세요. 플랫폼은 뭐가 되어도 상관없습니다. 컴퓨터 앞에 앉아 워드나 아래아 한글 프로그램을 열고 진득하게 앉아서 쓰는 것도 괜찮지만, 페이스북이나 블로그처럼 자기 글을 쓸 수 있는 공간이라면 어디든 상관없어요.

단, 1시간 동안 빈 페이지에 아무거나 써야 해요. 그것도 매일 말이에요. 일기처럼 느껴질 수도 있지만, 일기는 아니죠. 자신이 경험하지 않은 이야기를 써도 되니까요. 어떤 내용이라도 좋아요. 일단은 '매일'과 '1시간'을 몸이 기억하도록 만듭니다.

2019년 6월에 에세이 『이렇게 살아도 돼』(하빌리스 출판사)를 출간했고, 그해 8월에 소설 『화이트리스트 – 파국의 날』(새파란상상 출판사)을 냈습니다. 이 두 권의 글자 수를 합하면 35만 자 정도 되지요. 6시에 업무 시간이 끝나면 30분간 스트레칭을 해요. 그날 육체노동으로 뭉친 근육, 특히 어깨와 손목 관절 및 허리를 풀어 준 후 가벼운 식사를 하고(너무 많이 먹으면 잠이 와서 안 됩니다.) 저녁 9시까지 매일 2시간에서 2시간 30분가량 글을 썼어요. 토요일과 일요일은 아이들 네 명과 놀아야 하니까 한 달에 20일씩 6개월, 즉 120일을 글쓰기에 투자했어요. 하루에 평균 3,000자씩 꼬박 쓴 셈입니다.

말이 매일 3,000자이지, 이렇게 쓰는 사람은 전업 작가라도 매우 드물 거예요. 그런데 이런 일이 저는 어떻게 가능했을까요? 몸에 배어 있었기 때문입니다. 알고 보면 여러분도, 그게 글쓰기가 아닐 뿐이지 분명 몸이 기억하는 습관 한두 개쯤은 가지고 있을 거예요. 친구들과 카카오톡 채팅을 하거나, 유튜브를 보거나, 게임을 하거나 등등.

그 습관 중 가장 버리기 쉬운 것 하나 대신 글쓰기를 넣던가, 아니면 다른 습관에 투자하는 시간을 조금씩 줄여서 글 쓰는 시간을 새로이 창조하는 것이지요. 이것이 되지 않는다면, 혹은 힘들 것 같으면 굳이 이 책을 읽을 필요가 없어요.

태도가 중요하다는 말을 많이 들어 보셨을 거예요. 그런데 글쓰기는 태도가 전부라고 해도 과언이 아닙니다. 글쓰기를 위해 규칙적이고 반복적인 시간을 내는 태도. 그렇기 때문에 동서고금을 막론하고 글쟁이들이 "글은 엉덩이가 쓰는 것이다."라는 말에 깊은 공감을 표하는 겁니다. 부정할 수 없는 진리이니까요.

하지만 친구들은 하나둘씩 떠나간다

요즘 한국에서도 혼자 하는 것에 대한 거부감이 덜해진 것 같아요. 혼술(혼자 술 마시기), 혼밥(혼자 밥 먹기), 혼영(혼자 영화 보기) 같은 단어를 검색창에 넣어 보면 혼술하기 좋은 술집, 혼밥족의 아지트 식당 등이 주르르 나와요. 저는 일본에서 산 지 20년 가까이 되었는데 초창기엔 혼자서 하는 것이 너무나 어색했던 기억이 나요. 하지만 금세 적응이 됐어요. 일본 자체가 혼자 뭔가를 하기에 안성맞춤의 사회로 디자인되어 있음을 금방 깨달았기 때문이죠. 어딜 가도 혼자 방문한 사람을 위한 공간이 마련되어 있고 혼자라고 해서 이상하게 쳐다보지도 않습니다. 무엇보다 혼자 하지 않으면 안 되는 일이 너무 많아요. 다른 사람에게 함부로 놀러 가자는 말도 못 합니다. 민폐를 끼칠 수 없는 노릇이니까요. '노는 데 무슨 민폐냐?'라고 고개를 갸웃거릴 수도 있는데 일본에선 '같이' 노는 것이 민폐인 경우가 있어요.

주말에 혼자 뭐 하기 부끄럽고 심심하기도 해서 2001년 당시 제가 다니던 일본어학교 친구에게 같이 밥 먹으러 가자고 전화할 때가 있었어요. 그러면 처음 한두 번은 어울리는데 점점 제 전화를 안 받는 경우가 많아져요. 아, 이건 반대의 경우, 즉 다른 친구가 주말에 저한테 전화하는 것도 마찬가지예요. 처음 두어 번은 나가서 시부야, 하라주쿠 이런 세계적으로 유명한 거리를 거닐며 즐거운 시간을 보냈어요. 그런데 언젠가부터 주말에 걸려 오는 전화를 받지 않아요. 이유는 하나밖에 없어요. 돈이 너무 많이 들거든요. 한 번 나갈 때마다 전철 교통비가 한국 돈으로 만 원, 가볍게 한잔만 해도 기본 3만 원씩 나와 버리니 이건 도저히 버틸 수가 없는 거죠. 그 친구들도 제 전화를 피했던 이유가 아마 이게 아닐까 싶어요. 다들 주머니 사정이야 뻔하니 한 달이 한계이고, 그다음부턴 혼자서 지내는 거죠.

그때, 즉 일본 생활 초창기의 주말에 틈틈이 글을 썼어요. 돌이켜 보면 앞에서 말한 글 쓰는 태도와 몸이 기억하는 글쓰기 습관을 들여놓은 시기도 그때가 아닐까 싶습니다. 한국의 대학에서 영화 연출을 전공하면서 시나리오를 쓰긴 했지만 그것은 내 자신의 주체할 수 없는 창작욕 그런 것이 아니라, 학점을 받아야 하기 때문에 의무적으로 써야 했던 것들입니다. 졸업은 해야 하니까요. 요즘은 입학하자마자 취업 준비하는 학생들도 있다고 하는데, 그땐 친구들과 술 마시고 놀러 다니는 게 보통이었습니다. 그러다가 'IMF'(1997~98년 국제적인 금융, 외환 위기로 우리나라와 여러 나라들이 국가 부도 직전까지 몰렸다. IMF는 '국제통화기금'의 준말로 우리나라도 이 기구에서 구제 금융을 받고 구조 조정을 했는데 이 과정들을 IMF, IMF 사태라고 칭한다.)가 터졌고 사회 전체가 엉망진창의 나락으로 빠졌지만, 전투 민족 한국 사회 어디 갑니까? 군대 갔다 오니 IMF의 상흔은커녕 닷컴버블 전성기가 찾아와 스타트업 게임회사에 취직할 수 있었어요. 거기서도 또 회사 사람들과 마시고(아직 약간은 강압적인 회식 문화가 남아 있던 시절이라), 졸업 후에도 연락을 주고받던 학교 선후배, 동기들과 마시고, 그도 저도 아니면 동네 아저씨들과 골목 슈퍼 평상에 앉아서 새우깡 안주 삼아 홀짝홀짝……. 거의 매일 마시고 놀았던 기억밖에 없어요. 아마 일본에 오지 않고 한국에서 계속 살았었다면, 아니 일본에 왔는데 제가 만약 돈 엄청 많은 금수저라서 매번 친구들에게 한턱 내는 생활을 할 수 있었다면 글쓰기 이딴 건 신경도 안 썼을 가능성이 압도적으로 높습니다.

단지 2001년 당시 세계 최고의 물가 수준을 자랑하는 도쿄에 왔는데 여러 조건이 '고독'에 익숙해져야만 했던 것입니다. 지금처럼 인터넷이 엄청나게 보급된 것도 아니고 100여 명이 거주하는 대형 기숙사에 ISDN 회선으로 연결된 공용 컴퓨터가 고작 다섯 대에 불과했어요. 유튜브가 나오기도 전이었죠. 하루 일상의 대부분을 차지하는, 혼자 있는 시간을 일본어 공부와 독서, 그리고 글쓰기로 보낼 수밖에 없었습니다.

여러분은 저와 아마 상황이 많이 다를 거예요. 일단 인과관계가 역전되는 상황이고, 무엇보다 글을 굳이 써야겠다는 절박함도 없을 겁니다. 글을 쓰지 않아도 재미있는 놀거리가 주위에 너무 많으니까요. 유튜브만 봐도 하루가 훌쩍 가고 넷플릭스의 바다에 빠지면 도저히 헤어나올 수가 없지요. 2001년과 지금은 다릅니다. 여러분이 훨씬 힘든 환경에 놓여 있어요. 친구도 없고 돈은 더 없고, 필연적으로 혼자 보내는 시간이 많았기에 할 게 없어 글을 썼던 저보다, 여러분은 만약 혼자 보내는 시간이 있다 하더라도 굳이 글을 쓸 이유가 없다고 봐야지요. 그 시간에 컴퓨터 앞에만 앉아 있어도 할 게 널리고 널렸으니까요.

그래서 하는 말입니다. 컴퓨터 앞에 앉아 있는 그 시간을 활용하는 거예요. 어차피 손 글씨로 뭐 쓰고 그러는 시대 아닙니다. 즐겨찾는 인터넷 커뮤니티에 가서 글쓰기 버튼 누르고 그 커뮤니티의 성격에 맞는 몇 줄짜리 글을 익명으로 남기면 돼요. 자기가 경험한 뭔가를 떠올리며 적당히 살도 붙여서 한번 써 보는 거예요. 어차피 익명인데 뭐 어떻습니까? "헐! 대박! ㅋㅋㅋ" 정도만 남기던 댓글러에서 탈피해 자신의 이야기, 혹은 지어낸 이야기를 적당히 써 보는 거죠. '백문이 불여일견'이란 말이 있듯이, 한 줄짜리 감탄사 댓글 100개 다는 것보다 다섯 줄짜리 본글 하나 쓰는 게 훨씬 남는 장사입니다. 남들 글에 길어 봤자 "필력 보소 ㅎㄷㄷ" 정도나 달던 님이 대여섯 줄짜리 본글, 이를테면 다음과 같은 글을 썼다고 가정해 봅시다.

오늘 집에서 하루 종일 뒹굴다가 문득 목이 말라 냉장고를 열었는데, 마침 물이 없다. 편의점 나가기 귀찮아서 정말 오래간만에 거의 한 10년 만에 수돗물을 끓여서 마셨다. 어? 근데 의외로 괜찮네. 생각난 김에 스마트폰으로 한국의 수돗물이 어느 수준인가 검색해 봤는데 세계 7위라고 한다. 와 깜놀! 니네 몰랐지? 암튼 두 번 다시 대한민국을 무

시하지 마라.(2012년 세계물맛대회에서 한국 수돗물은 실제로 7위를 기록했음.-필자 주)

정말 별것 아닌 짧은 글이죠. 그런데 한 번 올리면 아마 재미난 반응들이 나올 겁니다. 왜냐하면 아무렇게나 쓴 것 같은 이 글에 글쓰기의 핵심 요소들이 조금씩 다 들어가 있기 때문이에요. 리얼리티와 내러티브, 정보 전달은 물론 애국심에 호소하는 감상적 요소까지. 실제로 한 번 이 문장을 그대로 복사해 링크 주소까지 곁들여서 인터넷 커뮤니티나 단체 채팅방에 올려 보세요. '헐! 대박!' 등등의 놀라움이 담긴 댓글이 적어도 몇 개는 달릴 거예요. 여기가 바로 중요한 포인트인데요. 타인의 댓글 반응과 피드백을 경험하고, 또 한 번 그런 느낌을 받고 싶다는 생각, 즉 하나 더 쓰고 싶다는 생각이 들어야 합니다. 다른 사람들의 반응이 무서우면 글을 쓸 수가 없죠. 기본적으로 자신만만하고 당당해야 해요. 누가 밑도 끝도 없이 비난부터 하면 우선 '아, 몰라! 배째!'라는 생각부터 들어야 글쓰기가 수월해집니다. 물론 이건 관심종자(관종)들만 가능하다는 인터넷 글쓰기, 즉 인터랙티브적 글쓰기를 말하는 거고, 이와 정반대되는 스타일 즉 세심하거나 여린 성격인 사람들은 조용히 혼자 쓰면 된다고 하는데, 제가 이쪽 분야는 잘 몰라서 함부로 말을 할 수가 없네요. 다만 인터넷 글쓰기를 하든 혼자만의 공간에서 조용히 쓰든 공통점이 하나 있어요. 바로 실제친구(실친)가 사라진다는 겁니다.

앞에서 말했습니다. 매일 하루에 1시간씩 정해진 시간에 글 쓰는 습관을 길러야 하는데, 당연히 글은 혼자 쓰는 것이기 때문에 그 시간은 친구들과 어울릴 수가 없어요. 딱 자리 잡고 앉아서 글 쓰려고 노트북을 열었는데 친구한테 전화가 걸려 옵니다.

"야, 너 뭐 하냐? 피시방이나 가자."

"응? 아, 지금 나 뭐 한다고 바쁜데……."

"뭐 하는데?"

"응, 뭐 쓰고 있어……." (사실 이 말부터 좀 부끄럽긴 하죠. ─필자 주)

"뭐?"

"아니 글 쓴다고……."

"그러니까, 뭐라고? 글? 그게 뭔데? 야, 우리 작문 숙제 있냐?"

"아니 숙제 아니고, 그냥 내가 취미로 쓰는 거 있어……."

"헐……."

"하하하……."

그리고 다음 날 학교 가면 난리 납니다. 바로 소설가, 작가라는 별명으로 불리고 친구들이 하나둘씩 떨어져 나갑니다. 무슨 모임이 있어도 "쟤는 작가 선생님이라 글 쓴다고 바빠서 아마 참가 안 할 거야."라고 따돌릴 수도 있고, 아무튼 이런저런 핍박이 찾아와요. 나이가 들어도 마찬가지예요. 제가 지금 친구가 없어요. 외국에 살고 있어서 그런 거 전혀 아니고 술을 마셔야 할 시간에 글이나 쓰고 있으니 친구들이 하나둘씩 떠나가더군요. 먼저 연락하면 만날 수는 있는데, 저한테 먼저 연락 오는 경우는 이미 사라진 지 오랩니다. 그런데 이게 과연 여러분에게 나쁠까요, 좋을까요? 한번 곰곰이 생각해 보시기 바랍니다.

좀 과장된 예를 들었지만 사실이에요. 글을 본격적으로 한번 써보고 싶다는 생각을 한다면, 그래서 나중에 원고료 만 원이라도 받는 프로가 되고 싶다면 글쓰기에 대한 태도 및 시간, 그리고 꾸준한 습관을 지금 하루라도 빨리 들이는 것이 중요한데, 이럴 경우 잃는 것도 분명히 존재한다는 겁니다. 친구는 아니더라도 분명히 뭔가를 잃게 될 수 있어요.

하지만 무엇인가를 꾸준히 '쓴다는 것'은 미래의, 뭔진 모르겠지만 아무튼 분명히 잃게 그 무엇인가를 상쇄하고도 남을 만큼, 당신의 삶 전체를 관통하는 거대한 라이프스타일이 새롭게 정립되었음을 의미합니다. 또한 이것이 바로 글쓰기의 매력이지요.

매일 1시간 동안 어디든 그 어떤 내용이라도 좋으니 그냥 꾸준하게 써 보는 것. 이 반복되는 '글쓰기 루틴'(루틴은 반복되는 일상, 몸에 배인 습관을 통칭하는 말로 씁니다. – 필자 주)으로 인생이 괜찮은 쪽으로 바뀐다면 한번 도전해 볼 만하지 않을까요?

여러분의 글쓰기가 어른들을 바꾸기도 한다

그런데 말이 쉽지 정작 이걸 하려고 하면 정말 힘들죠. 중학생 큰딸 미우만 해도 그렇습니다. 저는 딸, 딸, 아들, 아들의 아빠입니다. 어쩌다 보니 네 자녀의 아빠가 됐고, 정신없이 시간이 흘러갔죠. 처음에 잠깐 언급했듯이, 이 책에는 중학생 큰딸 미우가 간혹 등장할 거예요. 미우는 앞에서 말한 '글쓰기 루틴'을 초등학교 6학년 때 몸에 익혔어요.

이 루틴은 본인의 의지도 필요하지만, 주위 어른들의 역할이 상당히 중요합니다. 만고 의미 없는 것 중 하나가 어른들이 본인은 안 하면서 아이들에게 강요하는 말과 행동이에요. 여러분도 솔직히 술 취해서 밤늦게 들어온 아버지가 하는 말 곧이곧대로 듣지 않잖아요? 한 귀로 듣고 한 귀로 흘리죠. 저도 그랬고 여러분의 아버지도 아마 할아버지한테 그랬을 겁니다. 본인이 모범을 안 보이면서 맨날 애들한테 잔소리하는 것만큼 의미 없는 짓이 없어요. 공부해라, 공부해라 노래를 부르는 어른들이 있어요. 아니, 그런 소리를 하려면 자기네들이 먼저 모범을 보여야 최소한의 설득력이라도 가지는 거 아닙니까. '어른이 되어서 무슨 공부를 하냐.'고 고개를 갸웃거리는 분이 있다면 당장 '국가자격증'을 검색어로 넣어 봅니다. 연령 제한, 학력 제한 없는 자격증이 수십, 수백 개는 나와요. 아이가 공부하길 원하면 매일 술 마시고 밤늦게 들어와 자는 애 깨워서 "사랑한다! 미안하다!" 아파트가 떠나가도록 울부짖는 게 아니라, 일 마치면 바로 딱 퇴근해서 거실에 앉아 아이는 숙제, 아빠는 자격증 공부를 하는 겁니다. 자격증 그거 못 따도 돼요. 나이 들면 머리도 굳으니까 다 이해합니다. 중요한 건 자세와 태도예요. 먼저 모범을 보이면 공부하란 말을 할 필요가 없어요. 아이들도 당연하다는 듯이 아빠 엄마와 함께 나란히, 혹은 마주 앉거나 누워 책 꺼내서 읽게 돼 있습니다. 그게 학습서라는 보장은 없지만 잡지라도 읽을 거예요. 그런데 보통 부모는, 특히 아빠들은 칼퇴근 후 거실에 앉는 그 행위 자체가 잘 안 돼요. 몸의 루틴이 이미 정착되어 버린 거죠. 그런데 이해를 해야 합니다. 회사 생활을 한다면 속칭 '라인'도 잘 타야 하고, 아무튼 이런 저런 어른들의 사정이 있어요. 또 결과적으로 이런 걸 잘해야 높은 직급으로 올라가고 월급도 늘어나고요. 이게 다 여러분 학원비와 컴퓨터 게임을 하기 위한 피시방 사용료 등에 기여하는 거니까 여러분도 함부로 부모님을 비난하면 안 됩니다. 다만 매일 술 마시는 아빠 건강도 걱정되고, 같이 식탁에 둘러앉아 밥도 같이 먹고 싶은 그런 생각, 즉 빨리 집에 왔으면 좋겠다는 마음이 들 때가 '간혹' 있잖아요? 그런데 그렇다고 갑자기 평소엔 전혀 사용하지 않던 친근하고 다정한 말투로 전화하는 거 어색합니다.

그럴 때 미우가 저한테 했던 방법을 추천해요. 정말 지금도 선명히 떠오를 정도로, 대단히 감동적이었어요. 때는 2017년 초여름이었어요. 도쿄 인근의 지바 현장으로 출장을 갔는데 일이 계속 늘어나는 바람에 거의 한 달을 집에 못 들어가고 있었죠. 사실 주말엔 도쿄 서쪽에 있는 집에 갈 수도 있었지만, 멀기도 하고(편도 3시간 정도?) 몸도 피곤했고, 무엇보다 금세 다시 돌아와야 했던지라(다시 편도 3시간!) 솔직히 귀찮아서 안 가고 있었던 겁니다. 그러던 어느 날 한 장의 사진이, 저의 스마트폰으로 도착했습니다. 당시 초등학교 6학년이던 미우가 원고지에 가득 쓴 일본어 문장을 사진으로 찍어서 저한테 보내온 것입니다. 그런데 아무리 사진을 확대해도 글자가 잘 안 보였어요. 바로 전화를 했죠.

"지금 보낸 거 뭐야?"

"응, 소설 하나 썼어. 학교 숙제인데 아직 제출하진 않았어."

"뭐!? 니네 학교는 소설 숙제도 있냐?"

"아니 글쓰기 숙제인데, 아무 장르나 써도 된다고 하길래. 나는 소설로 한 건데 이게 맞게 쓴 건지 아닌지 아빠한테 물어보고 싶은데 아빠 오지도 않고……. 그래서 사진으로 찍어서 보낸 거야. 글자 보여?"

"아니 잘 안 보여."

"어? 가장 선명하게 찍는다고 한 건데? 에이 안 보이면 몰라, 그냥 제출한다."

"아냐, 아빠 내일 올라갈게!"

궁금해서 미칠 것 같아 주말도 아닌데 바로 올라갔고, 미우가 쓴 「칠석의 밤」이라는 소설을 단숨에 읽었어요. 당시 저는 종합일간지 『경향신문』에 「일기일회」라는 칼럼을 연재하고 있던, 그래도 프로 글쟁이였는데 미우의 그 소설을 읽는 순간 가슴속이 묘하게 불타올 랐어요. 지금 생각해 보면 질투였던 것 같습니다. 그때 읽었던 미우 의 일본어 소설 「칠석의 밤」은 다음과 같습니다.

제목: 칠석의 밤 - 박미우

"예쁘다. 그지?" "그래. 내년에도 보러 오자." "절대 지켜야 해." "응, 물 론. 같은 장소에서."

칠석 밤, 엄마와 나는 그렇게 약속했다.

오늘은 칠석. 그래서 엄마와 나는 가까운 근처로 산보를 나갔다. 지 금까지 나는 그다지 '하늘'을 잘 바라보지 않았는데, 제대로 보니 의외 로 '예쁘다'라는 생각이 들었다. 그날 이후 엄마와 나는, 아빠한텐 알 리지 않고 매일같이 내 방 창문 너머로 밤하늘을 올려다보았다.

그리고 1개월 후, 그러니까 8월 7일 오후 3시 사건이 터졌다. 엄마 는 시장을 보러 갔고 아빠는 회사, 나는 학교에서 막 돌아와 집에서 텔레비전을 보고 있었다. 갑자기 전화벨이 울렸다. 에이, 한참 재밌는 부분인데…… 투덜거리며 전화를 받았다. 경찰이었고 내용은 이랬다.

"○○씨 따님 맞아요?" "네? 아, 네. 그런데요." "지금 너희 어머니가 우다시 3-4번지 횡단보도에서 차에 치이셨어. 지금 빨리 왔으면 좋겠다." "정말요?! 지금 바로 갈게요!"

우다시 3-4번지는 걸어서 5분 정도 걸린다. 나는 전화를 끊고 현관으로 달려 나갔다. 자전거에 몸을 싣고, 집 열쇠 잠그는 것도 잊어버린 채 엄마 걱정을 하면서 '제발 죽지 마.'라고 간절히 빌었다. 고작 3분밖에 안 걸린 그 시간이 30분처럼 느껴졌다. 그렇게 횡단보도에 도착하니 이미 많은 사람들이 모여 있었다. 교통사고가 잘 나지 않는 곳이기 때문일 테다. 이웃 사람도 보였고 전혀 모르는 사람들도 있었다. 인파를 헤치고 들어가니 엄마가 구급차에 막 실리는 중이었고 아빠도 보였다. 아빠는 나에게 "빨리 너도 타."라고 말했다.

그래서 급하게 탔다. 엄마 몸이 온통 하얗다. 우리는 그런 엄마를 계속 쳐다봤다. 하지만 엄마는 점점 더 하얘져 갔고 몸은 점점 힘이 빠져 가고 있었다. 병원에 도착했지만 이미 엄마는 힘든 숨만 내쉬고 있었다. 나중에 아빠가 그러던데, 그때 나는 계속 "엄마, 엄마"만 되풀이했었다고 한다. 아마 그런 엄마 모습이 믿을 수가 없어서 "엄마, 엄마"만 외쳤던 것 같다.

그리고 몇 분 후 엄마는 숨을 거뒀다.

장례식 날 많은 사람들이 나와 아빠를 위로해 주었다. 나는 그날 나 스스로도 놀랄 만큼 많이 울었다. 그때부터 나와 아빠는 매일매일을 소

중히 살아갔다. 하루하루가 얼마나 중요한지 그때 깨달았기 때문이다.

엄마 교통사고로부터 약 1년이 지나, 다시 칠석의 밤이 돌아왔다. 그날은 빨리 퇴근한 아빠와 함께 1년 전 엄마와 함께 갔던 곳에 갔다. 왠지 모르겠지만 눈앞이 흐릿해졌다. 눈물이 한 방울 떨어졌다. 그리고 또 한 방울, 한 방울. 몇 번이고 눈물을 닦아냈지만 계속 넘쳐났다. 그러자 처음엔 어리둥절해하던 아빠도 기쁜 듯 한 번 웃었지만, 이내 한 방울의 눈물을 떨어뜨렸다.

"예쁘다. 그지?"

"그래. 내년에도 보러 오자."

"절대 지켜야 해."

"응, 물론. 같은 장소에서."

그때 하늘에서 엄마의 목소리가 들려온 느낌이, 아니, 엄마 목소리가 들려왔다. (끝)

식탁에서 이 소설을 읽은 후 건너편에 앉아 있던 미우를 한참 쳐다봤던 기억이 납니다. 미우가 "어때? 어때?"라며 평가를 재촉해 왔고, 저는 "고칠 곳이 없다. 근데 너 언제 이런 걸 썼니?"라고 물었습니다. 그러자 미우는 "숙제라고 말했잖아."라고 말합니다.

"아니 숙제인 건 알겠는데 너무 잘 써서 아빠가 좀 놀랬다야. 처음 쓰는 거 맞지?"

"응. 소설은 처음 써 보는 거지."

"훌륭하다. 엄청난 단편이라고 생각해. 아니 어떻게 이렇게 쓸 수 있지?……"

"음…… 아빠가 뭐 쓸 때 나도 같이 써서 그런가? 깔깔깔."

미우도 칭찬받아 기분이 좋은지 요란하게 웃으며 자기 방으로 들어갑니다. 혼자 덩그러니 남겨진 저는 우연히 시작했지만 필연이 되어 버린 무언가를, 그제야 깨달았지요. 따로 글 쓰는 방이 없어 신문 마감날이 다가오면 거실 식탁에 앉아 노트북 켜 놓고 칼럼을 썼어요. 그때마다 아이들이 저를 따라 뭔가를 쓰거나 책을 읽거나 했던 기억이 떠올랐습니다. 마감 지키느라 바빠서 그땐 애들이 뭐 하는지 신경도 안 썼는데 돌이켜보면 아이들은 제 흉내를 냈던 겁니다. 장르는 다 다르지만 이제 고작 서너 살밖에 안 된 막내도 그림책을 펴 놓고 보고 쓰는 흉내를 내었던 풍경이 비로소 떠오르더군요. 미우는 저를 통해 글쓰기 루틴을 몸에 익혔고, 저는 미우의 첫 소설로 인해

(그것이 질투인지 뭔지는 모르겠지만) 아무튼 다시 한 번 글을 제대로 써 보자는 생각을 품게 되었던 것만은 확실합니다. 미우는 저한테 배우고, 저는 아이에게 다시 자극을 받는 선순환이 이뤄진 거죠.

어른들은 아이들을 윽박지르거나 꾸지람하기 전에 먼저 모범을 보이세요. 공부하란 말을 하려면 자신도 공부를 해야 합니다. 맨날 술 마시고 늦게 들어오는데 아이한테 "공부해라, 성적이 왜 이따위냐?" 같은 소리 하면 그게 먹히겠습니까? 그리고 청소년 여러분도 무작정 부모를 원망하지 말고, 평생 안 바뀔 것 같은 분위기라면 적극적으로 나서서 그들을 바꾸는 작업을 한번 해 보는 겁니다. '글쓰기'는 이 두 가지 모두를 이뤄 내는 매개체 역할을 충분히 하고도 남습니다.

식탁에 마주 앉아 무언가를 쓰는 부모와 아이, 다 쓴 후 "하나 – 둘 – 셋!" 외치며 서로에게 자기가 쓴 걸 보여 주는 풍경이라니 상상만 해도 재미있지 않습니까? 단, 상대의 글이 아무리 엉망이라도 가정의 안녕과 평화를 위해 표정 관리는 잘 하시길 바랍니다.

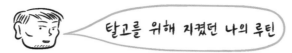

처음 글쓰기를 시작하는
친구들에게

교환 편지와 페이스북

자료나 책을 찾으려고 미우 방에 한 번씩 들어갑니다. 서재가 따로 없어서 제 책장을 미우 방에 갖다 놨기 때문인데요. 물론 노크하고 들어가고, 제가 필요한 것만 들고 나와요. 머무는 시간은 길어 봤자 1분 정도? 1분을 넘어가면 아이 눈초리가 날카로워집니다. 말하지 않아도 알죠. '빨리 안 나가고 뭐하냐.'는 분노 어린 사춘기 소녀의 강렬한 눈빛에 온몸이 찌릿찌릿해집니다. 그러다가 우연찮게 발견했어요. 누군가가 미우한테 보낸 장문의 편지를.

일부러 보려고 한 게 아니라 책장 옆 벽에 붙여져 있었습니다. 한두 장이 아닙니다. 여러 명과 동시에 주고받은 교환 편지입니다. 전광석화 같은 스캔 능력을 발휘해 쓱, 몇 줄 읽어 보니 미우가 소속돼 있는 소프트볼부 선후배들과 주고받은 편지네요.

'어디 대회에 나가서 우리 열심히 하자!' 같은 당연한 내용도 있지만, 사적으로 미우를 칭찬하는 내용이 얼핏 보입니다. 귀엽다, 이쁘다 등 외모 칭찬부터 동료들과 화합을 꾀하고 리더십이 있다던가 그런 칭찬들 말입니다. 물론 다른 실력이 떨어지는 부원에 뒷담화도

페이스북에 올려 봤자
아무도 안 볼 것 같은데?

있었던 것 같습니다만, 그다지 심각한 건 아니었던 것 같아요. 왜냐하면 시합을 응원하러 갔을 때 편지 속의 뒷담화 당사자와 미우, 그리고 그러한 편지를 보낸 선배가 꽤 사이좋게 보였으니까요. 시합 결과에 따른 일시적인 불만이나 짜증이 아마 그 당시의 편지에 조금 담겼던 것 같습니다.

아무튼 그렇게 누군가에서 온 편지를 벽에 붙여 놨다는 것은 곧 미우도 그들에게 편지를 보냈다는 말이 되지요. 같이 거실에 앉아 제가 칼럼 원고를 쓰고 있을 때, 미우도 편지를 많이 썼습니다. 한 번씩 건너편을 쳐다보면 "좀 보지 마!"라고 꾸중을 듣기도 했지요. 그런데 곰곰이 생각해 보면 그게 갈수록 양이 많아졌던 것 같아요. 처음에는 한 장 정도에 불과한, 시간도 별로 들이지 않은 아주 간단한 내용이었던 것 같은데, 갈수록 시간도 늘어나고 그에 따라 분량도 늘어났죠. 10분이면 쓰던 편지가 몇 시간이나 걸렸습니다. 보통 3,000자에서 4,000자 정도 되는 칼럼을, 제가 쓰는 동안 미우도 내내 앉아서 편지글 쓰기에 몰두했던 기억이 떠오르니까요.

그래서인지 몰라도 미우의 벽에 걸려 있는, 즉 소프트볼 부원들에게 받은 편지도 분량 자체가 늘어나고 내용도 한껏 깊어졌던 것 같습니다. 분량이 늘어난다는 것 자체가 이미 편지글의 내러티브와 서사가 풍부해졌다는 걸 의미하니까요.

요즘엔 손으로 쓴 편지를 주고받는 문화가 많이 사라졌어요. 하지만 스마트폰, 아니 퍼스널 컴퓨터가 대중화되기 전에는 편지글이라는 문학 장르가 있었고 지금도 국어 고전문학 시간에 서간문이 아마 나올 거예요. 반드시 자기 손으로 직접 뭔가를 써야 한다고 강조하는 건 아니에요. 꾸준히 편지를 주고받을 수 있는 누군가가 있으면 '쓴다'는 행위의 보람이 느껴지고, 덩달아 글솜씨가 향상될 수 있다는 것이죠.

히가시노 게이고의 소설 『편지』에도 나오는데 강도살인을 저지르고 교도소에 수감 중인 주인공의 형이, 바깥세상의 동생에게 한 달에 한 번 편지를 보냅니다. 그런데 이 형의 문장력이 갈수록 늘어난다는 것을 느낄 수 있어요. 물론 저는 히가시노가 의도한 것이라고 생각해요. 편지는 물론 글 자체를 거의 한 번도 안 써 본 사람도 쓰다 보면 이렇게 실력이 향상된다는 것을 소설 내용을 통해 보여 주는 거죠. 그래서 마음을 털어놓을 수 있는 사람과의 교환 편지는, 쓴다는 행위 자체가 주는 뭔가 어려운 느낌을 무너뜨리고 글쓰기에 쉽게 접근할 수 있도록 도와줍니다.

    그런데 사실 이게 잘 안 됩니다. 무엇보다 부끄럽죠. 이 책을 읽고 당장 '이거 한번 해 봐야겠다.'는 결심을 한 것까지는 좋은데 내일 당장 학교 가서 친구한테 "야, 우리 교환 편지 한번 해 볼까?"라고 말하기엔 좀 남세스러운 그런 느낌? 이상하게 소문나면 놀림감이 될 수도 있고요. 형제 남매한테 말하기도 좀 그렇죠. 교환 편지의 특성상 상대방의 답장이 있어야 합니다. 상대방도 너한테 글을 쓰겠다는 그러한 의욕이 있어야 하는데 현실 세계의 누나, 동생, 형이 이런 요구에 응해 줄 가능성은 거의 제로에 가깝다고 봐야죠. 그럴 바에야 '혼자 쓰고 말지.'라는 생각도 들고 혼자 쓰기 시작하면 다시 귀찮아지고 실력이 느는 것 같지도 않고 종국엔 '에라, 내가 무슨 글이냐.

그냥 공부나 열심히 하자.'처럼 쉽게 좌절해 버리기도 해요.

그래서 저는, 엄격히 말한다면 교환 편지는 아니지만 그러한 성격을 띠는 '소셜 미디어'를 추천합니다. 특히 글 위주의 소셜 미디어인 페이스북을 적극적으로 권합니다. 인스타그램, 카카오스토리, 블로그 등도 있지만 인스타그램은 사진 위주이고, 카카오스토리는 이너 서클, 그리고 블로그는 각 잡고 써야 한다는 무거운 이미지가 있죠. 페이스북은 그런 의미에서 가장 알맞은 글쓰기 툴이라고 생각해요.

저도 페이스북에 하루에 평균 대여섯 개씩 포스팅을 올릴 정도로 헤비유저입니다. 기본적으로 매일 2,000자는 쓰는 것 같네요. 스마트폰에 애플리케이션 깔아 놓고 로그인 상태로 등록만 해 놓으면 언제 어디서나 바로 쓸 수 있다는 것이, 페이스북의 가장 큰 장점입니다. 메모장을 따로 가지고 다닐 필요가 없어요. 친구 맺기 기능과 자신이 쓴 글을 모든 사람이 아닌 친구에게만 보여 줄 수 있는 설정도 있습니다. 즉, 글 공개 범위가 매우 세분화되어 있어 써 놓고 자존심에 상처받을 일이 적습니다. 무엇보다 피드백이 금방 옵니다. 친구들이 '좋아요'를 눌러 주고 댓글로 미처 생각하지 못했던 이야기도 해 주죠. 항상 유튜버나 무슨 커뮤니티에 '힐! 대박!' 정도만 쓰던, 수동적 객체로 존재했던 자기 자신이 스스로 글을 쓰고, 비록 페친(페이스북 친구)이긴 하지만 전혀 알지 못하는 타인이 자신의 콘텐츠를 좋게 평가했을 때 오는 느낌은 정말 신선합니다. 물론 페이스북이 나이 든 사람이 주로 사용하는 고인물 소셜 미디어라고 불리는 것도 잘 압니다. 하지만 글을 써 보겠다고 마음을 먹었으면 글을 쓰는 소셜 미디어에 적응을 해야 하겠죠. 실제로 페이스북에 쓰는 글이 계기가 되어 데뷔를 한 작가들도 헤아릴 수 없이 많습니다. 반면 인스타그램이나 카카오스토리의 글이 책으로 나왔다는 이야기는 별로 들어 보지 못한 것 같네요.

아 참, 이건 어디까지나 글쓰기를 하고 싶긴 한데, 처음에 어떻게 해야 할지 모르겠다는 이들을 위한 조언이고요. 아날로그적인 교환 편지, 디지털적인 소셜 미디어 활용만 예로 들었지만 각자 주어진 상황에서 나름대로 더 좋은 방법이 있으리라 생각해요. 꾸준히 쓸 수 있는 계기를 줄 수 있다면 그것이 어떤 플랫폼, 어떤 상대라도 상관이 없죠. 가령 유튜브 동영상 댓글이라도 꾸준히 몇 줄씩, 매일 정해진 시간에, 고정 닉네임(스스로의 아이덴티티를 위해)으로 쓴다면 그것 역시 충분한 글쓰기입니다. 글쓰기에는, 나중에 다시 구체적으로 말하겠지만 비평과 평론 장르도 있으니까요. 어떤 콘텐츠를 접하고 그것에 대한 자신의 감상을 쓰는 것도 훌륭한 글쓰기임을 잊지 마시길 바랍니다. 꾸준히 쓰다 보면 어느새 기승전결이 확실하고 논리적 인과관계, 혹은 번득이는 위트가 넘쳐흐르는 문장을 구사하는 자신의 댓글에 사람들이 놀라게 될 것이고, 그 댓글에도 엄청난 수의 '좋아요'와 또 다른 댓글이 달릴 것입니다.

여러분은 꾸준함이 주는 그 피드백과 기분 좋은 자극을 즐기면
돼요.

태도가 전부다

단언컨대 글쓰기에 관한 한 천재는 없습니다. 어렸을 때 간혹 천재
라는 느낌을 주는 글을 쓴다고 하더라도 그게 평생 그 퀄리티를 유
지한다고 장담을 못 해요. 그리고 세간의 유명한 작가들은 말을 안
해서 그렇지 다 공부하고, 세상사에 관심이 많고, 무엇보다 직접 취
재를 합니다. 스티븐 킹이나 히가시노 게이고 같은 유명 작가들이
했다는 "일단 첫 줄을 쓴다. 두 번째 줄을 쓴다. 계속 쓴다. 어느새 완
성돼 있더라."라는 트위터 캡처 화면을 보고 웃거나, 혹은 좌절하는
사람들도 있던데, 그거 다 거짓말입니다. 물론 '쓰는' 행위 자체는 그
렇게 할 수가 있어요. 저만 해도 300페이지짜리 소설을 한 달 만에
다 썼으니까요. 간혹 유명 영화감독들, 이를테면 봉준호나 쿠엔틴
타란티노가 "2주 만에 장편 시나리오 탈고했다."라는 말을 하기도
하잖아요? 그것과 같은 원리예요.

스티븐 킹은 매일 4시간에서 6시간 정도의 읽고 쓰는 시간을 강
조했습니다. 물론 자신도 그걸 지켰고, 그렇기 때문에 수백 편의 작
품(단편 200여 편 포함)을 쓸 수 있었습니다. 히가시노 게이고의 데뷔

작 『방과 후』의 주인공 마에시마는 작가 자신에게서 모티브를 따 왔습니다. 이공 계열 대학을 졸업한 후 가전제품을 만드는 회사에 취직했다가 흥미를 느끼지 못해 대학 시절 따뒀던 교원 자격증을 활용해 여고 선생님으로 부임한다는 설정인데요. 히가시노도 대학 졸업하고 덴소라는 자동차부품회사에 다니면서 이 소설을 썼습니다. 그리고 『방과 후』 덕분에 전업 작가가 될 수 있었죠. 무엇보다 이 작품에 등장하는 청산가리 중독에 대한 묘사나 밀실 트릭 등은 이공계 출신의 작가라서 가능한 설정이 아닐까 합니다. 또한 그의 추리소설 시리즈 중 '탐정 갈릴레오 연작'은 이공계라서 가능한 설정 및 전개가 숱하게 등장합니다. 작가는 별것 아닌 것처럼 말해도 이미 오사카부립대학 전기공학과 시절 배운 것이 그의 작품을 뒷받침하는 탄탄한 내공으로 작용하고 있는 셈입니다. 아, 물론 그 역시 하루에 몇천 자는 꼬박 쓰는 사람임을 잊어서는 안 돼요. 히가시노의 작품들은 페이지 터너(page turner, 흥미진진해 책장을 넘기지 않을 수 없는 작품)로도 유명한데 이에 대해 본인은 "내가 책을 거의 안 읽었기 때문에 나 같은 사람이 끝까지 읽을 수 있게 쉬운 단어와 문장을 쓴다."라는 겸손한 말을 했지만, 원래 글을 계속 쓰다 보면 점점 쉽고 간결한 문장을 쓰게 됩니다. 이건 나중에 다시 말씀드리도록 하고요.

영화 쪽으로 넘어와도 비슷합니다. 제92회 미국 아카데미 영화상 시상식에서 비영어권 영화로는 최초로 작품상을 비롯해 감독상, 각

본상, 국제영화상을 받은 「기생충」을 연출한 봉준호 감독은, 언론 인터뷰에서 영화 촬영이 없는 날에는 사람이 거의 찾지 않는 한적한 카페에 홀로 앉아 시나리오를 쓴다고 말했습니다. 재능도 타고났을 것이고, 그것을 뒷받침해 준 집안 환경도 좋았지만(『소설가 구보씨의 일일』, 『천변풍경』 등으로 유명한 박태원 작가가 외할아버지이며, 아버지 봉상균 선생은 서울과학기술대학교 시각디자인과 교수를 지낸 국내 1세대 그래픽 디자이너예요.) 이러한 습관을 몸에 익히지 않았다면 과연 세계적인 연출가가 될 수 있었을까요?

공교롭게도 스티븐 킹과 봉준호는 이야기를 만들어 내는 방식도 비슷합니다. 둘 다 어떤 주제 의식에 천착하기보다 시추에이션을 먼저 떠올린다고 합니다. 예를 들어 "지하철을 탔는데 갑자기 총격전이 벌어졌다, 나는 어떻게 해야 하나?" 같은 설정을 상상한 후 이야기를 만들어 가는 것입니다. 한편 쿠엔틴 타란티노는 「트루로맨스」의 각본가로 데뷔하기 이전 비디오 가게 점원을 하면서 수만 편에 달하는 영화를 섭렵했습니다. 그의 영화를 보면 동서고금을 막론한 수많은 선대 영화를 본뜬, 이른바 오마주가 등장하는데 영화 역사상 가장 충격적인 데뷔작이라 일컬어지는 「저수지의 개들」에는 홍콩 누아르의 숨겨진 걸작 「용호풍운」에 대한 오마주가 상당 부분 엿보입니다.

지금 제가 간단하게 언급한 스티븐 킹, 히가시노 게이고, 봉준호,

쿠엔틴 타란티노 등은 언론 등에서 쉽게 '타고난 천재'로 묘사하는 사람들입니다. 그런데 이들을 과연 타고난 천재라고 말할 수 있을까요? 기본적인 재능은 물론 가지고 있었을 겁니다. 하지만 이 재능을 정착시킨 것은 환경과 꾸준함이고, 이를 통해 숨겨진 재능이 비로소 드러나는 거지요. 매일 4시간에서 6시간 동안 글을 읽고 쓰거나, 대학 시절 배웠던 전공을 잘 살려서 자신의 작품에 거침없이 집어넣거나, 주위의 환경을 적극적으로 활용하면서 상상하는 시간을 가지죠. 타고난 달란트가 '있니 없니'를 따지기 이전에, 재능을 얼마나 가지고 있는지 아닌지 모르겠지만, 꾸준하게 쓰고 생각하고 또 쓰다 보니 어느새 이만큼 와 있더라, 이게 바로 진정한 재능이 아닐까요?

우연히도 이러한 재능을 확립한, 즉 '꾸준한' 작가들은 무척 겸손합니다. 페이스북 친구 중에 『분노사회』, 『고전에 기대는 시간』, 『행복이 거기 있다, 한 점 의심도 없이』 등의 베스트셀러를 펴낸 정지우 작가라고 있습니다. 매일 2,000자~3,000자 분량의 글을 올립니다. 주로 가족 등 주변 이야기를 중심으로 올리는데 그 꾸준함은 둘째치고 글 자체에서 삶을 대하는 겸손한 태도가 전해져 옵니다. 물론 댓글을 단 사람들에 대한 응대도 겸손하기 이를 데가 없어요. 저 정도 유명세를 얻었다면 잘난 체해도 될 것 같은데 전혀 그런 걸 느낄 수 없답니다. 참고로 그가 쓴 『행복이 거기 있다, 한 점 의심도 없이』에는 페이스북에 그가 매일같이 올렸던 글들도 수록돼 있습니다. 한

번 검색해서 읽어 보신다면 제 말이 무엇을 뜻하는지 금세 알 수 있을 겁니다.

　반면 몇 권 베스트셀러 냈다고 기고만장하는 사람들이 몰락하는 경우도 숱하게 봤습니다. 이전 작품에 썼던 내용을 다음 작품에 가져오거나 다른 서적의 좋은 말들을 짜깁기해서 출처 표시도 제대로 안 해 저작권법을 위반하는 사람들도 있지요. 더 나아가 안 들킬 줄 알고 아예 표절하는 사람들도 있습니다. 이런 것들 자체가 이미 글쟁이의 양심을 저버린 행위입니다만 좀 더 큰 문제는 이러한 행위가 발각된 이후의 태도예요. 자기가 저질러 버린 잘못을 인정하고 진심 어린 사과를 통해 용서를 구하거나 자숙하는 사람들은, 물론 지금 당장은 무리이겠지만 시간이 지난 후 다시 일어설 수 있습니다. 몇 년 후 다시 신간을 들고 나타났다고 가정해 보죠. 독자들은 남의 책을 베낀 그를 우선 떠올릴 거예요. 하지만 그와 동시에 잘못을 인정하고 용서를 빌었던 그의 '태도'도 함께 기억나기 마련이죠. 그러면 보통은 읽어 봅니다. 매의 눈으로 우선 그가 들고 온 작품을 한 번 읽어 보고 판단하자는 생각을 하지요.

　반면 처음부터 끝까지 뻔뻔한 태도로 일관하는 사람도, 믿을 수 없겠지만 간혹 존재해요. 그런 사람들의 공통적인 특징은 자기는 죄가 없다는 겁니다. 증거를 들이대도 뻔뻔함으로 일관합니다. 물론 자숙 기간도 없죠. 그런 사람이 다시 책을 낸다고 합시다. 읽을 마음이 생길까요? 그런 강압적이고 기고만장한 글 도둑이 쓴 책은 아무리 내용이 좋다 하더라도 아예 읽고 싶지 않죠.

사람은 완벽하지 않아요. 작가도 사람이고, 혹은 자신이 읽었던 누군가의 명문장이 무의식 중에, 마치 자기가 창조해 낸 글인 마냥 원고에 들어갈 수 있죠. 누구나 실수할 수 있다는 거예요. 다시 한 번 강조하지만 그 실수 언젠가는 지적받게 되어 있습니다. 그걸 흔쾌히 인정하면 실수가 되고 또다시 기회를 부여받을 수 있지만, 그 지적을 절대 인정하지 않고 버티면 결국 당신의 글은 외면당할 것입니다. 항상 겸손한 마음과 태도를 잊지 않으시길 바랍니다. 그런데 글을 꾸준히 쓰는 분들은 대부분 겸손합니다. 꾸준히 쓰다 보면 여러분도 금방 알게 될 거예요. 피드백을 받다 보면 '아 세상에는 이렇게 고수가 많구나!'를 실감하며 한없이 옷깃을 여미게 되죠. 이것 역시 여러분이 글을 썼기 때문에 알 수 있는 겁니다. 쓰지 않았다면 피드백을 받을 수조차 없으니까요. 그냥 자기 잘난 맛에 사는 그런 인생을 보내는 거죠. 즉 여러분의 인생 전체를 관통하는 바람직한 태도를 '쓴다'는 행위를 통해 확립할 수도 있다는 겁니다. 제 말이 진짠지 아닌지 확인해 보고 싶으시다고요? 그렇다면 써 봐야죠. 자, 우리 꾸준히 한번 써 봅시다. 다음 장에서는 여러분이 아마 가장 궁금해하실 글쓰기의 구체적인 테크닉을 조금 소개해 보도록 하겠습니다.

글쓰기는 어떻게 시작할까?

요즘 미우는 편지 쓰기에 빠져 있습니다.

편지를 주고받는 건 글쓰기 실력 향상에 도움이 되기도 하지요.

특정 누군가에게 편지를 쓰기 쑥스럽다면,

소셜 미디어를 권합니다.

실전과
요령

짧고 간결하게 쓰자

간결한 단문은 모든 문장의 기본입니다. 그 어떤 작법 책을 펼쳐 봐도 짧은 문장을 구사하라고 적혀 있습니다. 만연체가 좋다고 기술한 개론서는 하나도 없어요. 또한 접속사를 될 수 있다면 쓰지 말라고 합니다. 접속사를 넣지 않아도 독자들이 자연스럽게 머릿속에 알맞은 접속사를 구사한다는 것입니다. 하지만 이런 말들은 반은 맞고, 반은 틀리다고 생각해요. 짧고 간결하게 쓰는 것도 어느 정도 훈련된 사람들에게나 적용되는 말이지, 초급자들에겐 너무나 어렵습니다. 저도 그랬습니다. 나름대로 글을 좀 쓴다고 기고만장할 때가 있었습니다. 그런데 어느 날 불현듯 '왜 더는 잘 써지지 않을까.'라는 생각이 드는 거예요. 자신감이 넘쳐흐르는데 불안한 마음이 드는, 그런 상황에 빠진 거죠. 다른 사람들의 글에 비하면 확실히 나은 것 같긴 한데, 현학적으로 보이고 겉멋이 가득한 그런 느낌 때문에 영 마음에 안 드는 겁니다. 제가 썼던, 그러한 글 하나를 소개할게요.

『노르웨이의 숲』을 읽는다는 것

『노르웨이의 숲』을 읽기 위해서는 아무런 준비가 필요 없다. 보통의 문학 혹은 잡지, 인터넷의 글들을 읽을 때도 준비라는 것은 그다지 필요치 않다. 그냥 손에 잡히는 대로, 모니터에 보이는 대로 읽으면 된다. 그렇지만, 알게 모르게 우리는 준비를 한다. 브레히트를 읽기 전에 반드시 그의 빛나는 비유를 미리 생각해 보듯, 보르헤스를 읽기 전에 시간과 공간의 디멘션(dimension)을 떠올리듯, 그리고 인터넷의 어떤 사이트를 들어갈 때 그 사이트의 특성에 대해 웬만큼 알게 되는 톱 페이지를 마주하듯. 그리고 그것들은 다시 재정립되어 독자, 유저들의 뇌 속에 자리 잡는다. 이성은 그다지 준비를 명령하지 않았으나, 대상은 자연발생적으로 어떤 〈이성〉이 되어 독자들을 준비시킨다.

　『노르웨이의 숲』을 9번째 읽은 지금도, 처음 읽은 7년 전도 준비 없이 막 책장에서 꺼내들어 첫 페이지의 37살 청년의 자화상부터 읽어 내려간다. 추가된 캐릭터 미도리는 전공투 세대를 유유히 비판하고, 삶의 정의를 일찌감치 파악한, 하루키의 자화상이 되어 버린 20살 청년은 겉멋과 포장술로 철저히 독자와 거리를 둔다. 대체 와타나베에 동화할 수 있는 인간이 세상에 존재할 수 있을까? 그 소설적인 캐릭터. 그러나, 그런 것들이 묘하게 이끌어 내는 허무함과 명쾌함. 그리고, 스타일리즘. (후략)

(오마이뉴스, 2003년 6월 18일 게재)

다시 읽어 봐도 역시 닭살 돋네요. 허세 가득한, 겉멋 들린 단어와 문장이 여러 곳에 등장합니다. 접속사도 무진장 많습니다. 좀 더 뒤져 보니까 이 시기에 썼던 다른 글들도 죄다 이렇습니다. 일종의 슬럼프였던 거죠. 그런데 제 마음에는 안 들지만 이런 겉멋 가득한 글에도 호응해 주는 독자들이 있었습니다. 돌이켜보면 이 지점이 상당히 중요한 것 같습니다. '독자들이 좋아하니까 그냥 이렇게 써도 되겠지.'라고 안주할 수도 있거든요. 지금에서야 말하지만 안주하는 순간 글쟁이로서는 끝이죠. 다른 장에서 다시 말하겠지만 '향상심'이 없으면 결코 오래 가지 못합니다. 넘치는 자신감은 여전히 있었습니다. 하지만 부족한 내공이 들킬지도 모르겠다는 두려움도 함께 들었습니다. 더 잘 쓰고 싶다는 향상심도 스멀스멀 피어 올랐습니다. 이 복합적인 심정을 해소하려고 처음으로 글쓰기에 관한 책을 샀습니다.

바로 안정효 선생님의 『글쓰기 만보』입니다. 책 자체도 재미있고, 당연한 말이겠지만 글쓰기에 도움되는 내용으로 가득 차 있습니다. 아마 세 번 정도 완독하고 지금도 틈틈이, 책이 보일 때마다 아무 페이지나 열어서 읽고 있습니다. 이 책을 관통하는 내용도 결국 '짧고 간결한 문장과 알기 쉬운 단어'입니다. 이 책에 깊은 감명을 받은 저는 의식적으로 간결하면서 짧은 문장, 초등학생도 이해가 가능한 어휘들을 사용하려고 노력했었죠. 예를 든다면 이런 글이에요.

김치찌개

지금은 인테리어 업체를 운영하고 있지만 2년 전만 하더라도 도쿄 우에노에서 카운터 바를 했다. 저녁 7시에 문을 열고 새벽 5시에 문을 닫는다. 매일같이 취해 살았다. 하지만 그 만취를 알리는 신호는 마지막 손님이 나간 새벽 4시 즈음에야 비로소 찾아온다. 영업 중에는 긴장을 풀 수 없기 때문이다.

다양한 손님들의 취향에 맞춰야 한다. 이야기는 물론 술마저 그러했다. 매일 폭탄주를 마신다. 다나카가 왔을 땐 맥주를 마시고, 스즈키가 "마스터도 한잔 받아." 하며 시바스 리갈을 건네면 감히 거부할 수가 없다. 그게 다 매상이니까. 직원을 둘 만큼 크지 않아 모든 걸 혼자서 해야만 했다. 지금 돌이켜보면 어떻게 그걸 매일 할 수 있었을까 신기할 따름이다. 그런데 그걸 해냈다. 그것도 5년이나.

영업 중에는 와자지껄하고 술도 들어가니, 또 긴장도 하니까 그런 감정을 느낄 수도, 느끼지도 못한다. 혼술을 즐기는 단골이 워낙 많아 충실한 카운셀러가 되어야 했다. 때론 연기를 했고, 과장스러운 리액션을 선보인다. 밤 12시 이후에 혼자 찾아온 이들은 슬픈 노래를 부르면서 울기도 한다. 토닥거려 주고 티슈를 건넨다. 그러면 "아휴, 오늘 왜 이러지, 갑자기"라고 쑥스러워하며 몇천 엔을 놔두고 귀갓길을 재촉한다. 그런 그들의 뒷모습이 어찌나 그렇게 쓸쓸해 보이던지.

그렇게 9시간이 지나 수북이 쌓인 빈 그릇들과 컵을 설거지하다 보면 이제 내 차례가 돌아온다. 컵이 깨져 손이 베이면 욕이라도 해서 화풀이를 할 텐데 그런 경우는 드물다. 창문을 열고 술에 찌든 실내를 환기시킨다. 서늘한 새벽바람을 맞아 가며 담배에 불을 붙여 한 모금을 빨면 왈칵 눈물이 쏟아져 나온다. 이른 아침 쓰레기 봉투를 노리는 까마귀 울음소리만 들려오는 한없이 투명에 가까운 새벽 거리. 그 눈물은 지금 이 시간 이 세상에 나 혼자만 있다는 쓸쓸함이 육체의 만취 상태와 화학작용을 일으켜 터져 나오는 결과물이었겠지. 결국 나도 외로웠던 것이다. 5년 동안 매일같이.

그렇게 10여 분 울다 보면 배가 고파 온다. 가게 문을 닫고 24시간 영업을 하는 한국 식당으로 발걸음을 옮긴다. 새벽 5시 30분이다. 경상도 사투리에 능통한 50대 중국 동포 주방장과 한국어를 곧잘 하는 네팔 친구가 주방 의자에 앉아 꾸벅꾸벅 졸고 있다. 인기척에 기지개를 켜며 하품을 한다.

"지금 마쳤나? 오늘은 좀 늦었네. 그래 뭐 해주꼬? 김치찌개?"

내가 고개를 끄덕이면 네팔 친구가 가스레인지에 불을 피운다. 10분 후 보글보글 끓는 김치찌개와 하얀 쌀밥, 나물 반찬, 그리고 서비스로 계란프라이, 김 여섯 장이 나온다. 이른 아침인지 늦은 저녁인지를 먹어 가며 대화를 나눈다. 매일 나누는 대화이니 항상 비슷하고 시시콜콜한 내용이다. 하지만 그들 역시 갑자기 물밀 듯 찾아오는 외로움의 감정이 무엇인지, 굳이 말을 하지 않아도 아는 이방인들이다. 그들도 필경 나와 같은 경험을 종종 할 것이다. 그것을 밖으로 내뱉지 않고, 오늘 매상이 어떠했는지 어떤 진상 손님이 있었는지 뒷담화를 해대며 하루를 마감한다. 새벽 6시. 식사를 마치고 950엔을 내고 밖으로 나오면 길거리는 어느새 밝아져 있고, 새벽을 여는 사람들의 발걸음으로 활기차다. 포만감인지 대화의 힘인지 모르겠지만, 외로움은 어느새 사라진다. 그 마법의 30분을 연출한 김치찌개의 위력은 2년이 지난 지금도 내 뇌리에 선연히 박혀 있다.

이 글을 쓰면서 문득 그 24시간 한국 식당을 다시 찾아가 보고 싶다는 생각이 들었다. 사무실에서 밤샘하면서 도면을 그리고 아침 일찍 시간에 맞춰 우에노로 향하는 택시를 탔다. 그때와 비슷한 5시 30분에 도착했다. 왠지 모를 기대감에 들떠 가게 문을 열었고 카운터 너머 주방은 그때와 다름없는 똑같은 풍경이 펼쳐진다. 내 인기척에 선잠을 깬 날모레 이순을 맞이하는 50대 중국 동포 주방장이 "이랏샤이……어? 이게 누고? 니 진짜 오랜만이다. 잘 사나?!!" 하면서 진심으로 반겨 준다.

"김치찌개지?"

내가 고개를 끄덕이기도 전에 네팔 친구가 가스레인지를 켰다. 내가 그들을 기억하듯 그들도 나를 기억하고 있었던 것이다. 950엔짜리 김치찌개를 먹고 그때와 다름없는 시시콜콜한 대화를 나누고 가게 밖으로 나온다. 아침 6시다. 서늘한 초겨울 새벽바람이 더없이 상쾌하다. 외롭지 않다.

(잡지 「1991 창간준비호」, 2019년 3월)

어떻습니까? 한참 허세를 부렸던 2003년의 글과 비교해 보세요. 확실히 읽기 쉬울 거예요. 대부분 단문이고 접속사도 별로 없어요. 어려운 단어 하나도 없습니다.(아 참, '시바스 리갈'은 위스키 종류의 술 이름입니다.) 『노르웨이의 숲』 리뷰에 등장했던 브레히트, 보르헤스, 디멘션 등등은 괜히 있어 보이려고 썼던 겁니다. 제가 브레히트나 보르헤스를 얼마나 알겠습니까? 멋있어 보이니까 쓴 거죠. 그런 글은 언젠가 진짜 브레히트 연구자, 보르헤스 전문가에게 들통나겠죠. 아니, 들키기 전에 보통이라면 스스로 쪽팔린다는 생각을 자연스레 하게 됩니다. 그래서 이런 약점과 부끄러움을 극복하고 싶어 이런저런 작법 책을 읽거나, 굳이 작법 책이 아니더라도 글 쓰는 자세와 태도에 관한 책들을 찾아보게 되는 거죠. 저 역시 이러한 우여곡절을 거쳐 「김치찌개」 같은, 누가 읽어도 알기 쉽고 허세라곤 하나도 없는, 쉬운 글을 쓰게 된 겁니다.

여기까지 읽으면 "어? 처음부터 그런 책을 사서 읽고 시작하면 더 효율적이지 않나요?"라고 궁금해하는 분들도 있을 거예요. 그런데 저는 처음부터 이런 작법론에 관련된 책을 사서 읽는 건 좀 아니라고 생각하는 쪽입니다. 그 이유는 다음 장에서 밝히도록 하죠.

테크닉보다 서사력이 더 중요하다

여러분 주위에도 말을 잘하는 친구들이 있을 거예요. 별것 아닌 내용인데도 폭소를 터뜨리게 하는, 이른바 말발이 엄청나게 센 사람이 있어요. 물론 제 주위에도 그런 사람이 있어요. 또 어떤 사람들은 저한테 말발이 세다고 말하기도 합니다. 기본적으로 글 쓰는 사람들은, 성격이 엄청나게 내성적이지 않는 한 말을 '상대적'으로 잘하긴 합니다. 똑같은 내용인데 왜 잘하는가? 그건 바로 '서사력' 때문입니다.

흔히 서사는 스토리텔링, 즉 이야기를 의미합니다. 위의 '똑같은 내용'을 말할 때, 바로 그 '내용'이죠. 누가 말하느냐에 따라 똑같은 내용이 달라지는 경험, 다들 해 보셨을 겁니다. 그게 바로 내러티브, 즉 서사력입니다. 작법론에 관한 책을 읽어 보면 스토리텔링과 내러티브, 그리고 플롯(구성)과 묘사를 구분해서 설명하는 경향이 있습니다. 그래서 처음부터 글쓰기에 관한 작법 책은 읽지 말라는 거예요. 실제로 지금 잘 나가는 작가들 이런 거 생각하고 쓰는 사람 아무도 없거든요. 저도 이 책 쓴다고 두어 권 사 봤는데 읽는 순간 머리가 아파 옵니다. 20년 가까이 글을 써 온 저 같은 사람도 뭔 소린 줄 모르겠는데, 이제 막 글쓰기에 흥미를 느끼고 시작하려는 여러분이 이런 책 읽을 수 있을까요? 오히려 금방 포기하는 사람들이 잇따라

나올 거예요. 글쓰기는 공부가 아니거든요. 언어 영역 시험공부를 하듯이 책에 밑줄 긋고 노트에 옮겨 적어서 느는 게 아니죠. 그래서 처음에는 읽지 말라는 겁니다.

어떤 이야기를 생각해 내고(스토리, 아이디어) 그것을 재미있게 엮어서 표현하는 것(내러티브)이 글쓰기의 알파이자 오메가입니다. 플롯(구성, 기승전결)과 묘사는 몰라도 되고, 못 해도 됩니다. 쓰는 행위가 쌓이다 보면 자연스레 따라오니까요. 결국 연습량입니다. 하지만 어떤 이야기를 생각해 내는 것은, 맞아요, 스티븐 킹이 말했듯이 '타고난 재능'일 수도 있습니다. 하지만 앞에서 말했듯이 꾸준히 쓰려고 마음먹고 실제로 매일 1시간씩 규칙적으로 쓰다 보면, 이 재능도 생겨나기 마련입니다.

이야기란 무엇일까요?

어렵게 생각하지 마세요. 그냥 여러분이 경험한 것들입니다. 모든 글은 전부 작가의 경험에서 나옵니다. 저는 논문 같은 딱딱한 글도 그렇다고 보는 입장입니다. 소설 같은 창작물도 두말할 나위가 없죠. 앞서 히가시노 게이고의 충격적인 데뷔작 『방과 후』의 주인공 마에시마의 이력을 살펴보면 작가와 겹쳐 보인다고 말씀드렸습니다. 멀리 갈 필요 없이 저 역시 소설 『화이트리스트 – 파국의 날』의 핵심 인물 '서건우'를, 저를 생각하며 창조했습니다. 또한 이 소설의 터닝포인트가 되는 '카운터 바'를 묘사하는 부분은 제가 5년간 실제로 운영했던 술집을 떠올리며 쓴 것입니다. 또한 대부분의 에세이는 작가 본인의 이야기로 채워지죠. 논설문, 설명문, 감상문 같은 것도 평소 자신이 얼마만큼 논리적으로 사고하고 자료를 찾았느냐는, 즉 공부한 경험치에 따라 그 질적 수준이 좌우됩니다.

자, 여러분이 이제 책상에 앉았다고 가정해 봅니다. 컴퓨터 전원 버튼을 누릅니다. 화면이 밝아지겠죠. 게임 프로그램은 클릭하지 않습니다. 글을 쓸 수 있는 프로그램, 이를테면 아래아 한글이나 아니면 노트 기능이 있는 프로그램 아무거나 클릭합니다. 커서가 깜박깜박할 겁니다. 오늘 있었던 일을 써 봅니다. 학교에서 일어난 일 아무거나, 다음과 같이 써 봅시다.

아침 7시에 집을 나섰고 정류장에서 버스를 기다리는데 원래 오는 시간보다 조금 늦게 왔다. 길이 많이 막혀서 평소보다 20분 늦게 학교에 도착했고 바로 수업이 시작되었다. 4교시가 끝나고 점심을 먹으며 스마트폰을 보는데 "「기생충」을 만든 봉준호 감독이 오스카상을 수상했다."라는 뉴스가 흘러나왔다. 한국 사람이 처음 받는 것이라고 한다. 대단한 것 같긴 하지만 내일모레 중간고사를 앞둔 나와 별로 상관없는 뉴스 같다. 학교 마치고 교문을 나서는데, 준수가 피시방에 놀러 가자고 한다. 시험공부를 하고 싶지만 거절하면 보나 마나 인상 쓰고 막 놀릴 것 같아 두어 시간 같이 어울렸다. 집에 돌아오니 만사가 귀찮아

엄마가 차려 놓고 나간 밥은 쳐다보지도 않았다. 공부해야 하는데 잠만 온다. 시간이 멈췄으면 좋겠다.

글쓴이가 오늘 하루 동안 경험한 일을 담담하게 적었습니다. 자신이 경험한 걸 쓰는 거니까 이 정도라면 누구라도 쓸 수 있겠죠? 여러분도 가능해요. 창조한 인물도 아니고 다른 사람 이야기를 쓰는 것도 아니니까요. 내가 경험한 일을 내가 쓰는 건데, 이게 안 될 리가 없지 않습니까? 처음에 글을 쓸 때는, 글 자체의 재미는 없을 수 있지만 첫술에 배부를 수 없죠. 이 정도면 충분합니다. 자신의 이야기를 적는 것이 가장 좋아요. 봉준호 감독도 제92회 아카데미 시상식에서 감독상 수상 소감으로 "가장 개인적인 것이 가장 창의적인 것이다."라는 마틴 스코세이지의 말을 인용한 바가 있습니다. 이런 개인적인 글을 계속 쓰다 보면 어느 순간 '서사(내러티브)'와 플롯이 쌓입니다. 위의 글을 예로 든다면 이렇게 되겠죠.

늦잠 자는 바람에 아침밥도 못 먹고 허겁지겁 집을 나섰다. 아침 7시를 가리키고 있다. 버스 정류장까지 온 힘을 다해 헐레벌떡 뛰어가지만 아무래도 7시 5분 버스를 타지 못할 것 같다. 그다음 버스는 7시 20분에 온다. 이걸 타면 아침 자습 시간에 늦을 것이고 반장이 지각자 명단에 이름을 적어 선생님한테 제출한다. 그러면 다른 애들이 다 귀

가하고 난 다음 남아서 청소를 해야 하는데, 이게 정말 짜증 난다. 아무튼 평소보다 2분 늦은 7시 7분에 도착했는데 아! 다행이다. 항상 같이 타는, 절대 7시 5분에 늦지 않는 영준이 모습이 보이는 걸 보니 아직 버스가 도착하지 않은 것 같다. 잠시 후 7시 10분에 버스가 도착했다. 운전사 아저씨에게 물어보니까 오는 길이 많이 막혔다고 한다. '어? 그렇다면 앞으로 가는 길도 막힌다는 소린가?' 아니나 다를까 보통 때와는 다른 정체 현상이 나타났다. 평소보다 30분 늦게 학교에 도착했다. 하지만 이런 날은 오히려 괜찮다. 나 말고도 다들 늦게 도착하기 때문이다. 반장도 지각자 명단을 적지 않았다. 이윽고 지겹기 그지없는 화학, 물리 수업이 시작되었다. 그런데 늦잠 잔 덕분인지 몰라도 전혀 졸리지 않는다. 그렇게 몇 시간이 흘러갔고, 점심시간이 되어 초스피드로 급식을 해결하고, 교실로 돌아와 책상에 앉았다. 모레로 다가온 중간고사 시험공부 때문이다. 그때 스마트폰의 뉴스 알람이 울렸다. 「기생충」을 만든 봉준호 감독이 오스카 시상식을 석권했다는 속보 헤드라인이 표시된다. 교실에 있던 다른 아이들도 웅성거린다. 누가 틀었는지 모르겠지만 텔레비전에서도 속보로 흘러나온다. 다들 대단하다, 엄청나다면서 환호성을 지르는데, 저게 뭐가 중요한지 모르겠다. 모레 있을 중간고사가 더 중요한 것 아닌가? 그래, 니네는 뉴스 계속 봐라, 그동안 나는 공부를 할 테니까. 게다가 이번 중간고사 성적에 닌텐도 스위치가 걸려 있기 때문에 노력하지 않을 수가 없다. 그런데 준수가 훼방을 놓는다. 수업 다 끝나고 교문을 나서는데, 녀석이 내 어깨를 툭 치더니만 "수영아! 피시방 놀러 가자. 롤 1시간만 하고 가. 지금 쪽수가 안 맞아."라고 한다. 아 새끼 진짜…… 빨리 집에 가서 공부하고 싶은데, 거절하면 준수 녀석 보나 마나 인상 쓰고 짜증 피울 것 같아(싸움을 잘해서 그러는 것 절대 아니다!) 어울려 줬다. 1시간이 2시간 되고 결국 3시간이 훌쩍 지나 버렸다. 집에 오니 만사가 귀찮다. 게임도 잘 안 풀렸고, 아침부터 한 번도 졸지 않아서 그런지 몰라도 피곤이 몰려온다. 식탁에는 엄마가 차려 놓고 나간 저녁밥이 있긴 한데 밥 먹기조차 귀찮을 정도로 잠이 몰려온다. 아, 공부해야 하는데 돌겠네. 내가 다 준비될 때까지 시간이 멈췄으면 좋겠다.

이 둘을 비교했을 때, 일단 눈에 띄는 것이 뭘까요? 네, 그렇습니다. 바로 분량입니다. 기본적으로 여러분 또래의 학생이 하루 동안 겪은 똑같은 스토리인데, 뒤의 글은 세 배나 늘어났습니다. 앞은 400자이고, 뒤는 1,300자입니다. 늘어난 900자에 주인공의 생각과 의지 등 속마음이 들어가 있고, 상황에 대한 묘사가 세밀해졌습니다. 독자들의, '다음 부분이 어떻게 될까?' 궁금해하는 마음도 앞글보다 상대적으로 훨씬 더 강해졌을 것입니다. 무엇 때문일까요?

이게 바로 '내러티브'와 '플롯'의 힘입니다. 이 글을 쓴 '수영'(글쓴이의 이름도 뒷글에서 알게 되죠.)의 행동에 이유가 생긴 겁니다. 속마음을 묘사함으로써 수영이가 어떤 마음에 저렇게 행동하는지 구체적으로 나타나는 거예요. 아침에 버스 정류장까지 빨리 뛰어간 이유, 버스가 도착하지 않아 안도한 이유, 수업 시간에 잠이 안 오는 이유, 봉준호 감독의 오스카 수상에 들뜨는 학생들이 웃긴 이유, 피시방에 가야만 했던 이유, 시간이 멈췄으면 하는 이유 등등이 타당성과 적합성을 가지게 되면서, 그 이후 수영의 행동들이 설득력을 얻게 됩니다.

그런데 처음부터 이러한 이유를 만들어 내야겠다는 생각을 의식적으로 하면 이상하게 잘 안 써집니다. 부담감으로 다가오는 경우도 많지요. 처음엔 일단 스토리만 생각하고 써 봐요. 계속 쓰다 보면 어느 순간 번득 정신이 들고, 눈이 떠집니다. 불교에서 말하는 돈오, 서양식으로 말하자면 유레카를 외치는 순간이죠. 문장론, 작법론에 관한 책을 사서 읽지 말라는 이유가 여기에 있습니다. 내러티브나 플롯이 나오고 그 기술적 용례들을 읽다 보면 솔직히 아득해지거든요. 쓰는 버릇을 들여야 하는데, 쓰기도 전에 그런 거 읽으면 쓰기가 싫어지죠.

짧고 간결한 문장도 마찬가지입니다. 좀 길면 어떻습니까. 처음엔 만연체 쓰고 접속사로 계속 문장을 이어 붙여도 돼요. 어차피 계속 쓰다 보면 스스로 한계를 느끼고 짜증도 나기 때문에 엄청난 고집쟁이를 제외한다면 거의 대부분 짧고 간결한 문장을 쓰게 돼 있어요.

정리하자면, 다음과 같습니다.

1. 스토리를 만든다. 단, 가공의 스토리를 만들어 내기가 어렵다면 자기 이야기를 써 본다.
2. 반복적으로 정해진 시간에 책상에 앉아 마치 일기를 쓰듯 매일 써 내려간다.
3. 1번과 2번을 반복하다 보면 어느 날 갑자기, 자기도 모르게 스토리에 살이 붙기 시작한다. 이것이 바로 서사력인데, 이런 용어는 몰라도 된다. 그냥 표현하고 싶은 것이 자연스럽게 늘어나게 되어 있다.
4. 하지만 표현하고 싶은 것이 늘어날수록 문장이 길어지고 접속사도 문장마다 들어가 가독성이 떨어진다는 느낌이 든다.
5. 『글쓰기 만보』 같은 글짓기 작법서를 읽으며 연습한다. 이미 썼던 글을 가져와 테크닉을 적용해 가며 응용해 본다. 다른 사람들에게 읽어 보고 평을 해 달라고 부탁하는 시기도 이때다.
6. 3년 안에 속칭 '쩌는' 필력의 글쟁이가 된다.

간단하죠? 그런데 1번~6번 중에 가장 중요한 것은 뭘까요? 6번은 결과니까 제외하고, 역시 가장 중요한 것은 2번입니다. 2번을 제외한 나머지는 누구나 할 수 있는 것, 혹은 2번이 가능하다는 전제에서 성립하는 것이니까요. 또 이것은 역도 성립합니다. 즉 매일 반복적으로 정해진 시간에 책상에 앉아 매일 일기 쓰듯 글을 쓴다면, 여러분은 6번처럼 3년 안에 어마어마한 필력을 가진 글쟁이가 될 것이라고 감히 확신합니다.

묘사를 잘하기 위한 기록 습관

여러분이 이제 나름대로 스토리도 곧잘 만들어 내고 내러티브나 플롯도 잘 짜게 되었다는 가정 아래 생각해 봅시다. 자, 이제 무엇이 중요할까요?

묘사입니다. 묘사는 떡밥 회수와도 매우 큰 관련이 있습니다. 묘사력이 출중한 이들은 갖가지 장치 및 복선을 따로 생각하지 않습니다. 왜냐하면 어떤 스토리를 묘사하는 와중에 자연스럽게 복선을 깔아 버리기 때문입니다. 이러한 복선이 누구나 다 예상할 수 있는 전형적일 경우 별다른 감흥이 없죠. 예를 들어 '사망 플래그'라 불리는 것들이 있습니다. 전쟁 영화에서 마지막 전투를 앞두고 고향에 두고 온 가족들과 전화하면서 "이번 전투만 끝나면 고향에 갈 수 있어! 사랑해, 허니!"를 외치는 군인은 99퍼센트의 확률로 그 마지막 전투에서 죽습니다. 원래는 독자의 슬픈 감정을 고조시키기 위한 입체적인 장치인데, 동서고금을 막론하고 워낙 많이 쓰다 보니 클리셰

(Cliché, 진부한 표현)가 되어 버렸습니다.

그래서 요즘 나오는 작품들은 오히려 이런 클리셰를 비트는 경우가 많습니다. 총탄이 날아왔는데 아까 전화했던 휴대 전화가 총탄을 대신 맞아 목숨을 건지거나, 고향 가족들과 전화하는 옆자리에서 "그런 전화하면 죽는 거 몰라? 영화도 안 봤어?"라고 핀잔주는 동료가 있다거나 하는 식으로 말이죠. 프로 작가 중에서도 잘나가는 작가와 그렇지 못한 작가도 사실상 여기에서 갈린다고 봐야 합니다.

아, 물론 프로라고 말하는 시점에서 그들의 묘사력은 엄청나다고 봐야 합니다. 묘사가 안 되는 사람은 분량을 채울 수 없고, 분량을 못 채우면 아무도 지면을 주지 않으니까요. 그래서 일단 원고료를 받는 프로라면 아마추어보단 무조건 묘사력이 뛰어날 수밖에 없습니다. 다만 프로에도 등급이 있는데, 그 등급을 나누는 것 중 하나가 묘사력이라는 것이죠. 이건 굳이 프로에만 해당되는 기준이 아니에요. 어떤 글을 읽을 때 '와! 필력 쩐다, 술술 읽힌다, 마치 영화를 보는 것 같다, 계속 읽고 싶다' 등의 기분에 사로잡힌 경험이 반드시 있을 거예요. 인터넷 커뮤니티에서 비슷비슷한 개인적 사례를 올린 비슷한 분량의 글인데 어떤 글은 정말 몰입해서 읽는 반면, 어떤 글은 서너 줄조차 읽기가 힘든 것도 결국 묘사력의 차이입니다.

그렇다면 스토리텔링(서사력)이 어느 정도 갖춰진 단계에서 어떻게 하면 묘사력이 늘 수 있을까요? 일단 관찰력을 키워야 합니다. 관찰하지 않고 현실적인 묘사를 한다는 것은 불가능에 가까워요. 두 번째로 기억력입니다. 앞에서도 말했지만 기억은 모든 글쓰기의 기본이면서 묘사의 필수적 요소예요. '기억력이 나쁜 사람은 그럼 글을 못 쓰는가?'라는 분을 위해 세 번째 요소가 나오죠. 바로 기록하고 메모하는 습관입니다. 어떤 흥미로운 상황에 조우했을 때 외우려하지 말고 무조건 기록하는 거예요. 스마트폰으로 녹화하고 녹음해요. 사진을 찍어도 되죠. 귀찮겠지만, 이것도 하다 보면 습관으로 정착됩니다.

기억은 기록을 이기지 못해요. 저는 2002년부터 2010년까지 약 8년간 직업 저널리스트로 생활했는데, 지금도 당시의 취재 노트를 보면 깜짝깜짝 놀랍니다. 왜냐면 기억 속에는 전혀 존재하지 않는 현장에 제가 갔었고 기사를 썼더라고요. 그 사실을 취재 노트에 담긴 기록을 통해 알 수 있었습니다. 가령 2010년에 제가 출간했던 에세이 『일본 여친에게 프러포즈 받다』에는 다음과 같은 묘사가 나옵니다. 부모님 몰래 혼인신고를 한 일본인 아내를 데리고 한국 부모님께 인사 드리러 가는 장면입니다. 물론 아내는 처음으로 부모님을 만나는 자리였습니다.

(전략) 바셀린과 영양제, 조카들에게 줄 선물 등을 빠짐없이 챙긴 후 나리타 공항으로 향했다. 서울도 참 짧은 거리였지만, 부산은 더 가까

왔다. 눈을 감은 지 얼마 되지도 않아 김해공항에 도착했다는 어나운스가 흘러나왔다.

공항에 내려 택시를 탔다. 버스를 타도 괜찮았지만, 아내가 속이 안 좋다고 해서 택시로 골랐다. 그래 봤자 5만 원이다. 일본 돈으로 5,000엔. 미타카에서 나리타 공항까지 가는 우리 둘의 버스 요금이 7,000엔 정도였으니까 그에 비하면 정말 싸다.

40분쯤 달렸다. 익숙한 풍경들이 나타났다. 구암동 사거리, 합성동 지하상가, 마산역, 석전 삼거리, 산복도로, 그리고 삼학사. 어느새 집에 도착해 버렸다. 택시 기사에게 말했다.

"저기 삼학사 앞에 세워 주세요."

아내가 내 손을 잡더니 놀란 어투로 말한다.

"벌써 다 왔어? 그런 거야? 정말 다 온 거야?"

아내의 손은 떨리고 있었다. 심장의 두근거림이 전해져 오는 듯했다. 오기 전엔 별거 아니라고 말했지만 막상 도착하니 어쩔 수 없는 모양이다. 삯을 치르고 내렸다. 횡단보도를 건넜다. 우리 집은 횡단보도를 건넌 후 왼쪽으로 틀면 된다. 틀지 않고 직진하면 어머니가 일하시는 주공시장이 나온다. 일단 집에 들르고 어머니를 보러 가려는 생각이었다.

오후 3시쯤이었다. 날씨를 흐렸었다. 왼쪽으로 틀었다. 순간 커다란 대야를 머리에 이고, 빌라 밖으로 나오는 어머니의 모습이 눈에 들어

왔다. 오토바이가 어머니 옆을 지나쳤다. 20여 미터가 떨어져 있었지만 저 걸음걸이와 자세는 어머니다.

3년 만에 보는, 저 변함없는 모습. 갑자기 눈앞이 뿌옇게 흐려 왔다. 무거운 여행 가방을 들고 언덕을 올라가던 내 걸음이 멈췄다. 아내도 멈춰 섰다. 이내 상황을 파악했다. 내 손을 한 번 꽉 쥐더니 손을 뗐다. 그리고 아내는, 나보다 먼저 외쳤다.

"어머니!"

어머니도 멈춰 섰다. 3년 만에 만난 아들, 아니 아들 부부를 처음으로 본 어머니는 순간 멈칫거리며 균형을 잃으신 듯했다. 마치 쓰러질 것 같았다.

아내가 순식간에 20여 미터를 뛰어가 어머니를 부축했다. 둘의 첫 만남은, 극적인 신체적 접촉에서 시작됐다. 정신을 차린 나도 뒤늦게 달려갔다. 어머니는 생판 처음 보는 여자가 당신을 부축한 것에 대해 놀라지 않으셨다. 균형을 다시 잡고 당신의 갈라 터진 손 위에 포개어진 아내의 손을 조심스럽게 떼어 내곤 이렇게 말씀하셨다.

"그래 고맙데이. 온다고 고생 마이 했제?"

아내는 무슨 말인지 몰라 눈만 멀뚱멀뚱거렸다. 투박한 억양의 경상도 사투리를 실제로 경험했으니 그럴 만도 하다. 아내는 무작정 밝게 웃는 낯으로 고개를 끄덕거리며 "안녕하세요."만 반복했다. (후략)

제가 직접 쓴 글이라 좀 부끄럽긴 하지만, 처음으로 만나는 아내와 어머니가 잘 묘사되어 있다고 생각해 가져와 봤습니다. 시기적으로 2005년 추석 때인데 앞서 말했듯 이 책은 2010년에 나왔습니다. 5년 전의 일을 어떻게 기억하고 썼을까요? 이 책에는 그러한 부분이 상당히 많이 나옵니다. 오죽하면 '제이피뉴스' 사이트에 연재될 당시 가장 많이 봤던 댓글이 "어쩌면 이렇게 과거의 일을 생생하게 기억하고 있어요?"였습니다.

지금에서야 밝히지만 이 책은 기억해서 쓴 게 아니라 기록했던 것을 보고 쓴 거예요. 저의 기록과 아내의 기록을 번갈아 보며 쓴 것입니다. 아내는 지금도 내용까진 아니더라도 날짜와 행사를 다이어리에 기록해요. 아날로그 다이어리를 철두철미하게 사용하죠. 이 기록을 보면 우리가 만났던 2001년부터 지금까지의 모든 과거를 다 알수 있어요. 사진마저 전부 보관을 하고 있으니 십수 년 전의 그날 무엇을 했는지, 기록과 사진을 통해 기억을 되살리며 묘사를 하는 겁니다. 지금은 스마트폰도 있고, 클라우드 등을 통해 반영구적인 저장도 가능한 시대니까 기록하기가 한결 더 쉬워졌죠.

쓴다는 것에 대한 열망이 강하다면, 그리고 앞의 단계를 거쳐 어느 정도 글쓰기에 습관을 들였다면 기록하는 습관도 쉽게 몸에 밸수 있습니다. 기록해 둔 것들은, 지금 당장은 몰라도 미래의 어느 시점에서 폭발적인 위력을 발휘할 수도 있다는 사실을 꼭 명심하시길 바랍니다.

비평과 창작의 차이, 그리고 향상심과 항상심

시를 제외한다면, 글쓰기는 크게 두 가지 종류로 나뉩니다. 먼저 완성된 어떤 콘텐츠에 대해 쓰는 글입니다. 보통 리뷰(review)라고 하는 것들이 전부 이 부류에 들어간다고 보면 크게 무리는 없을 것입니다. 리뷰의 대상이 되는 콘텐츠는 거의 무한정 존재합니다. 시, 소설, 영화, 드라마, 음악, 무용, 연극은 물론, 음식, 건축물, 그림, 공예 등 세상 모든 것이 리뷰의 대상이 됩니다. 공통점은 대상이 되는 무언가가 이미 있다는 것이죠. 비평가(critic, 평론가)는 이러한 리뷰를 좀 더 전문적으로 하는 사람들을 의미해요. 누구나가 인정하는 고전의 반열에 오른 걸작이 아닌 이상, 현세에 존재하는 모든 콘텐츠는 허점이 존재하기 마련이죠. 비평은 말 그대로 비판적으로 평가한다는 의미입니다. 비평가들은 아무리 잘 만든 작품이라 할지라도 반드시 한두 가지 허점이나 부족한 점을 지적하죠. 그래서 어떤 비평가들은 '프로불편러'라 불리기도 합니다. 특히 그 콘텐츠를 즐기는 애호가들은 '팬심'도 작용하는 바람에 "저 사람은 뭐 그런 사소한 것까지 들춰내냐."며 "손가락으로 달을 가리키면 손가락 말고 제발 달 좀 봐라!"면서 비평가들을 까내리기도 하지만 어쩔 수 없습니다. 대중의 맹목적인 찬사와 지지를 삐딱한 시선으로 쳐다보는 것 자체가, 동서고금을 막론한 비평가들의 역할이었으니까요.

그렇기 때문에 창작자들은 비평가들을 기본적으로 싫어합니다. '아니 당신이 뭐길래 내가 정말 몇 개월, 몇 년간 고생해서 만든 걸 까는 거야!'라는 심정이 되는 거죠. 이름은 밝힐 수 없지만, 제 지인 중에 데뷔작이 꽤 좋은 평가를 받은 영화감독이 있었습니다. 당연히 당시 영화 기자, 평론가들의 리뷰도 좋게 나왔죠. 언젠가 한국에 갔을 때 우연찮게 그 친구와 만나 이런저런 이야기를 하는데, 술이 한두어 잔 들어가더니 평론가들을 엄청나게 까더라고요. 그들의 이름을 하나하나 거론해 가면서 일일이 캡처한 사진을 보여 주는데 죄다 그들이 쓴 기사나 평론들입니다. 제가 읽어 보니 극찬에 가까운 칭찬인데, 왜 그러나 했습니다만, 그 안의 한두 문장이 마음에 안 들어 캡처했다는 겁니다. 저도 간혹 페이스북에 리뷰를 쓰긴 하는데 몇천 자나 되는 글을 쓰면서 전부 찬사로 일관할 수는 없으니까 당연히 비판적으로 읽힐 수도 있는 문장을 쓰기도 합니다. 그래야만 독자들이 올바르게 판단할 수도 있고요. 그런데 창작자들은 그런 비평가들의 선의를 이해하지 못하는 경우가 종종 있습니다. 평소에는 허허 웃어 가며 어른의 대응을 하지만 술이 들어가거나 감정이 격해지면 본심이 나온다고 할까요?

그래서 저는 프로 창작자를 희망하는 사람들의 상담을 받을 때 멘

탈 체크부터 합니다. 제가 주로 활동하는 페이스북에도 작가 지망생이 꽤 많은데, 읽다 보면 대강 알 수 있어요. 이 사람이 계속 쓸 수 있을지 없을지를 말입니다. 솔직히 글 쓰는 사람들은 남들이 뭐라 하든지 자기 갈 길을 가야 합니다. 멘탈이 약해서 이 조언, 저 조언 다 맞는 것 같고, 또 다 받아들이자고 하면 글 못 씁니다. 단순한 충고를 비판으로 받아들여도 못 써요.

결국 자기 글에 대한 자신감입니다. 저는 원고를 쓰고 그것이 출간되거나 신문 지면 등에 실려 공개될 때까지는 제가 세상에서 글을 가장 잘 쓰는 사람이라고 세뇌시킵니다. 이문열, 조정래, 김영하, 하루키 다 우습게 보이죠. 그리고 원고를 납기한 후 지면에 실릴 때까지는 불안한 마음에 잠시 빠졌다가 얼마간의 편집 작업을 거쳐 시중에 나오면 나온 것만 확인하고 신경을 끕니다. 즉시 다른 원고 작업에 들어가죠. 왜냐? 앞에서 말했듯이 비판하는 사람들이 있기 때문입니다. 제가 아무리 잘 썼다고 스스로를 세뇌해도 그게 셰익스피어급 걸작일 리 없잖아요? 당연히 비판받게 되어 있습니다. 그렇다고 비판하는 사람들을 뭐라 할 생각은 전혀 없습니다. 그분들은 그게 일이고, 1차 콘텐츠 종사자들은 그러한 비판에 얽매이지 않고 계속 콘텐츠를 만들어 나가는 것이 일이니까요.

어찌 되었든 둘 다 쓰는 사람들이고 일입니다. 아 참, 일의 정의는 이 행위(쓰는 것)를 통해 대가를 받느냐 안 받느냐는 것입니다. 대가는 돈이 가장 보편적이겠죠. 대가 없이 글을 쓰거나, 각종 리뷰를 쓰는 행위는 취미 생활이죠. 자신의 귀중한 시간과 돈을 소비했는데 눈에 보이는 대가가 '일단' 없으니까요. '일단'을 강조한 이유는, 처음에 좋아서 했던 그 취미 생활이 시간이 지나면서 축적되다 보면 어느 순간 출판사의 기획서가 날아오고 원고 청탁이 오는 경우가 꽤 많기 때문입니다.(물론 사기꾼들도 있으니 조심하셔야 합니다.)

저만 해도 그랬습니다. 제가 과연 글쓰기 이런 걸 제대로 배웠을까요? 전혀 아닙니다. 물론 대학교 커리큘럼에 시나리오 수업이 있어 그걸 수강하기는 했지만 영상화를 전제로 한 시나리오와 그 자체로 완결되는 글쓰기는 전혀 다릅니다. 글쓰기 자체의 장르도 몇 가지로 나뉘죠. 소설 쓰듯 논문을 쓸 수 없는 노릇일 테니까요. 결국 본인이 노력할 수밖에 없어요. 이 책 처음에 했던 말로 되돌아가는 것 같은데 여기선 좀 고급스럽게 '향상심과 항상심'이라는 개념으로 풀어내어 보고 싶네요.

보통이라면 누구에게나 향상심(向上心)이 존재합니다. '보다 잘되고 싶다, 높은 곳으로 가고 싶다.'는 마음인데, 향상심이 발휘되는 대상에 차이가 있을 뿐이지 인간이라면 누구나 가지고 있을 수밖에 없습니다. 물론 이게 없다고 착각할 때도 있습니다. 생물학적 나이가 어릴 때, 특히 질풍노도의 시기 때는 반항심이 향상심을 이겨 버리기 때문에 잠깐 사라지기도 하지만, 금세 다시 돌아오기 마련입니다. 인생 내내 반항심이 앞서는 중2병 환자들도 간혹 있는데, 일반적이라 볼 수 없으므로 여기선 제외합니다.

한때 '아무것도 안 하고 싶다, 더 격렬하게 아무것도 하지 않고 싶다.'라는 글을 넣은 이미지들이 유행을 타기도 했습니다. 이건 사실 그냥 한번 웃어 보자는 놀이에 불과하죠. 실제로 사회생활에서 나선 사람들이, 예컨대 저처럼 나이 마흔이 넘은 사람이 아무것도 안 하면 몇 시간만 지나도 난리납니다. "너 어디 가 있었어? 거래처 전화 엄청 걸려 왔어. 어디 간다면 화이트보드에 써 놓던가, 미리 말을 해야 할 거 아냐!", "아니 오빠 왜 내 전화 안 받아? 메시지는 왜 씹어?" 등등.

'지금' 열심히 살지 않을 권리나 자유를 외치기 위해서는, 그 전제 조건이 필요합니다. 바로 지금까지 치열하게 앞만 내다보며 최선을 다해 살아왔다라는 자부심과 실적이죠. 원래부터 아무것도 안 했는데, 다시 아무것도 안 하겠다라는 선언은, 그래서 모순적이며 동어 반복입니다. 굳이 주장하거나 외칠 필요가 없죠. 애초에 그렇게 살았으니까요. 물론 그렇게 살다가 가는 것도 스스로 선택한 하나의 인생이니 충분히 존중합니다. 다만, 본인이 그렇게 살면서 가족, 친구, 직장 동료 등 자기 주위 사람들에 혹시 민폐를 끼치는 건 아닌지, 적어도 고민은 해 보는 게 최소한의 예의가 아닐까요?

또한 향상심은 그 정도나 깊이, 도달하고자 하는 이상 혹은 목적에서 차이가 날 뿐 누구나 가지고 있습니다. 과도하게 들릴지도 모르겠지만, 인간의 유전자에는 향상심의 DNA가 있다고 생각해요. 그렇지 않고서는 적자생존의 자연환경에서 살아남아, 그것도 만물의 영장이라는 지위까지 오를 수 없었을 테니까요. 극도의 위험이 찾아와도 반드시 답을 찾았죠. 저는 코로나바이러스 19에 대한 대처나 백신, 치료제 등도 시간이 걸릴 뿐이지 어떻게든 찾아낼 것이라고 봅니다. 이러한 답을 찾겠다는 각오와 노력이 바로 '향상심'이라고, 저는 생각합니다.

지금 우리가 살고 있는 사회는 자본주의를 채택하고 있다 보니 아무래도 가장 먼저 떠오르는 향상심은 돈을 많이 벌고 싶다는 욕구일 것 같습니다. 좋은 대학에 들어가려고 공부를 열심히 하는 것도 그 대학을 졸업한 후 괜찮은 직장에 들어가거나 창업을 해 돈을 많이 벌기 위한 것일 가능성이 큽니다. 대학 간판이 좋으면 좋을수록 돈 벌 수 있는 직종에 대한 선택권은 확실히 넓어지니까요. 자본주의 사회에 걸맞은 매우 좋은 향상심입니다.

유명한 스포츠 스타가 되기 위해 부단한 훈련을 하거나 혹은 트와이스나 BTS를 꿈꾸며 매일같이 보이스 트레이닝을 하고 댄스교실을 다니는 것도, 물론 본인은 그것을 직접적으로 의도하지 않았다 하더라도, 만의 하나 성공할 경우 경제적 윤택함이 저절로 따라오기 마련입니다. 세상에서 가장 쓸데없는 걱정 중의 하나가 연예인 걱정이라는 말 들어 보셨죠? 물론 성공이라는 전제가 붙긴 하지만, 일단 성공만 하면 돈 쓸어 담는 빗자루, 아니 포클레인을 하나 따로 구비해야 할 정도로 쇼 비즈니스의 세계는 엄청납니다. 유명 스포츠 선수도 마찬가지예요. 보통 사람들이 평생 만질까 말까 한 어마어마한 돈을 1년 치 연봉으로 다 벌 수 있습니다. 이러한 사람이 되기 위해 노력하는 향상심이 비난받을 이유는 없습니다. 저는 오히려 칭찬받아 마땅하다고 봐요.

그런데 보통 사람들은 이러한 뚜렷한 목표나 인생 계획을 잘 세우지 못합니다. 나이가 들면 들수록 더 그러한데요. 책임져야 할 것이 생겨날뿐더러 무엇보다 몸이 예전 같지 않기 때문입니다. 제 나이 또래 중년들은 오늘도 경험하고 있을 거예요. 몸 피곤하면 만사가 다 귀찮기도 하고요. 하지만 계획을 세우지 못하는 가장 큰 이유는 자기 자신이 뭘 잘할 것 같고, 어떤 분야에 특기가 있는지 잘 모르기 때문이 아닐까요? 또 과거보다는 덜 하지만 아직도 유교주의의 망령이 남아 있는 한국 사회는 '돈 많이 벌고 싶고, 유명해지고 싶다.'는 말을 직접적으로 내뱉는 것 자체가 부끄러운 행위로 받아들여지기도 합니다. 사촌이 땅을 사면 축하해 주는 것이 당연한데 어찌 된 연유인지 몰라도 '배가 아프다.'는 속담도 있죠.

목적의식과 향상심을 가지고 있다 하더라도 그것을 내보이는 순간 생판 알지도 못하는 사람들이 마구 씹어 댑니다. 그들의 질타와

비아냥과 뒷담화가 두려워 향상심을 몰래 발휘해야 하거나 아니면 내 마음 깊숙이 감추어 두고 살아갑니다. 그렇게 시간이 흐르다 보면 그 향상심은 발현될 타이밍을 잃어버릴지도 모릅니다. 그리고 어느 날 문득 '이게 사는 건가?'라는 회의가 들죠. 그리고 도피합니다. 열심히 살지 않아도 된다는 세계로 말입니다.

솔직히 말하자면, 열심히 살지 말라는 말을 하는 사람들 중 최소 절반은 사기꾼이라 생각해요. 실제로 이단 종교의 교주처럼 보일 때도 있답니다. 이런 유의 책을 출간하고 엄청나게 팔아 젖힌 후, 어느 날 멘토니 뭐니 해서 강연도 나가고 방송에도 출연한 교주는 엄청난 경제적 이득과 사회적 명예를 얻습니다. 하지만 '불성실함을 찬양하는 경전'에 감화된 이들 중에는, 정말 그렇게 살아 버리는 사람이 나올지도 모르죠. 방향을 못 잡아 웅크리고 있을 뿐이지, 실제로 사라지지는 않았던 향상심이 이러한 책과 말의 영향으로 영원히 사라져 버릴 수도 있습니다. 그 인생, 과연 그 교주들이 책임져 줄까요? 천만의 말씀입니다.

그래서 저는 항상 말합니다. 잘 모르겠으면 일단 지금 하는 일을 좀 더 잘 해 보라고 하죠. 자신의 몸과 정신을 갈아 넣으란 소리가 아닙니다. 어디까지나 '잘' 해 보라는 거예요. 자기 자신만의 루틴을 만들어 향상심(恒常心)으로 접근하라는 겁니다.

항상심은 '어떤 일을 대하거나 맡더라도 성실하게 일하는 태도'를 의미합니다. 하루 일과가 끝나고 집으로 돌아가는 퇴근길에서, 혹은 잠자리에 들면서 '오늘 나는 어땠는가?'를 자문했을 때 부끄럽지 않았다는 결론을 내릴 수 있는 마음가짐이에요. 이 마음은 물론 역도 성립합니다. '오늘 이러이러한 문제가 있어서 너무 분했어, 내일은 꼭 해결해야지.' 같은 생각이 든다면 그 하루 역시 최선을 다한 하루가 맞습니다. 아무 생각이 안 들거나 생각 자체를 안 하는 것이 문제이지, 무엇에 대해 생각한다는 것은 그 자체로 이미 항상심과 향상심이 동시에 작동했다는 소리입니다. 아, 물론 매일매일 이렇게 치열하게 살 수는 없죠. 그래서 불금과 토일 연휴가 존재하는 거죠. 이때는 아무 생각 안 해도 돼요. 다 그러라고 만들어 놓은 재충전의 시간이니까요. 하지만 그런 만큼 평일에는 항상심을 유지하고 주어진 일을 '잘' 할 수 있도록 매진해야 합니다.

2019년에 제가 썼던 『이렇게 살아도 돼』(하빌리스 출판사)에 자세히 묘사했습니다만, 저는 2001년 빚만 잔뜩 진 채 도쿄로 도피해 와서 신주쿠 가부키초 호객꾼부터 시작해 인테리어업에 종사하는 지금까지 참으로 다양한 업종을 경험했습니다. 그런데 일의 형태만 달라졌을 뿐 그 다양한 일이 어떤 것이든지 간에 최선을 다했던 것 같아요. 그리고 그 삶의 습관 때문에 글쓰기도 비슷한 느낌으로, 물론 처음에는 돈이 안 되는 취미 생활이었지만, 돌이켜보면 매일 항상심이 작동해 글을 썼었던 것 같습니다.

물론 제가 이렇게 살았다고 해서 돈을 엄청나게 많이 벌고 그런 건 아닙니다. 사회의 일반적 기준으로 본다면 전혀 성공하지 못했죠. 하지만 적어도 이렇게 살다 보면 스스로에 대한 부끄러움은 사라질 거라고 생각합니다. 저는 앞으로 어떻게 될 것이라는 인생의 꿈을 가지고 있지 않습니다. 향상심도 아직 내면의 어딘가에 감추어져 있는 것 같습니다. 즉 대부분의 보통 사람들과 마찬가지입니다.

하지만 '항상심'만은 매일 발현시켜 왔습니다. 저에게 주어진 미션, 그것이 불법적인 것이 아니라면, 설령 당장은 잘 모른다 하더라도 해답을 찾기 위해 노력하자는 항상심을 실천해 왔던 거예요. 이러한 태도는 언젠가부터 제 몸의 루틴이 되어 버렸습니다. 그래서 여러분에게도 제언하고 싶습니다. 목표가 뚜렷하게 보이지 않는다면 지금 하는 당신의 무언가를 다시 한 번 스스로 생각해 보라고. 내가 과연 이 무언가를 위해 스스로 부끄러움을 느끼지 않을 만큼 최선을 다한 게 맞는지 자문해 보라고. 그 자문의 가장 좋은 방법이 바로 매일같이 일기를 쓰거나 메모를 남기는 것입니다.

이렇게 해서 '과연 글을 잘 쓸 수 있을까?'라고 의심하는 분들도 있을지 모릅니다. 그럼 하지 마세요. 선택은 자유니까요. 하지만 적어도 저는 인생의 뚜렷한 목표 없이, 그러니까 '향상심'이 뭔지는 잘 모르겠지만 아무튼 적당히 살아도 된다는 이단 종교는 멀리하며, 주어진 현실에 최선을 다하자는 '항상심'으로 살았는데 어느새 여기까지 도달해 있었고 이런 저에게 상당히 만족하고 있습니다. 그 만족의 중심에 17년간 지속해 온 '쓴다는 행위'가 있었고요. 이 만족의 경지를, 저는 27세부터 시작했는데 여러분이 일찌감치 시작하고, 또 느껴 봤으면 하는 마음이 간절합니다.

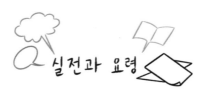

실전과 요령

짧고 간결하게. 쉽게 써라.

향상심보다 항상심이다.

그런다고 글을 잘 쓸 수 있나요?!

깡쌱

난 그저 이렇게 17년을 써 왔고 만족할 뿐!

오호!

공감 능력이 중요하다

마지막으로 다시 한 번 태도에 관한 이야기를 하고 넘어가야 할 것 같습니다. "손가락에 지문이 있듯이 글에도 지문이 있다."는 유명한 말이 있습니다. 누가 가장 먼저 한 말인지는 모르겠습니다만, 이 말을 처음 들었을 때 상당히 일리 있다고 생각했습니다. 물론 이렇게 되려면 그야말로 지문이 닳아질 때까지 글을 써야겠죠. 쓰는 것만으로 해결되지 않습니다. 쓴 글이 많은 사람에게 읽혀야 합니다. 글을 읽은 독자들이 이구동성으로 "캬! 언제나 실망시키지 않는 이 필력 보소!" 같은 감상을 표할 때, 비로소 타인이 쉽사리 흉내 내기 힘든 자신만의 독특한 지문이 완성되는 것입니다. 유명한 작가나 영화감독이 신작을 낼 때 그들의 팬들은 그것이 나오기도 전에 기대를 하죠? 이 기대 역시 그들의 지문에 대한 확고한 믿음이 있기 때문입니다. 특히 소설이나 에세이 장르는 독자들의 그러한 믿음을 저버리는 케이스가 거의 없습니다. 문체, 필력뿐만 아니라 작가의 스토리텔링에 대한 태도를, 독자들이 이미 알고 있기 때문입니다. 영화 쪽은 기복이 있는 편입니다. 제아무리 뛰어난 감독이라도 범작을 만들 때가 종종 있습니다. 영화가 엄청난 자본이 투입되는 종합예술이기 때문입니다. 천문학적인 자본이 투입되면 감독보다 제작자의 입김이 강해지는 사례가 매우 자주 있죠. 그렇게 해서 나온 영화가 물론 새로운 팬층을 끌어들일 수는 있겠지만, 기존의 팬들은 기대치에 미치지 못했다고 비판합니다. 흔히 '감독의 색깔이 부족했다.'는 표현을 쓰죠. 이 색깔이 바로 지문입니다.

영화에 비해 글쓰기는 그러한 제약에서 자유로워요. 누구의 도움도 필요 없이 오직 혼자서 쓰기 때문입니다. 마감을 못 하면 작가 혼자서 책임져야 합니다. 때로는 컴퓨터 탓을 하기도 하는데, 아 참, 그러고 보니 많은 편집자들이 이렇게 말하더군요. "작가들 원고 받을 시기가 다가오면 왜 그렇게 정전이 자주 나고, 문서 저장을 깜박하거나, 메일 주소가 바이러스에 걸리고, 나아가 천둥 번개가 쳐서 애꿎은 하드드라이브가 집중적으로 고장 나는지 모르겠다."고요. 프로 작가는, 그래서 기본적으로 거짓말쟁이죠. 하지만 마감이 다가오면 연락을 끊고 잠수를 타는 사람들도 꽤 있다 보니, 이런 뻔히 보이는 거짓말이라도 상관없다며, 우선 작가와 연락되는 것에 안도한다는 편집자들도 많다고 하네요. 그리고 출판사 역시 애초에 계약할 때 다들 이 정도는 예상하고……. 아, 아닙니다. 아무튼 글쓰기는 기본적으로 혼자 하는 작업이기 때문에, 물론 편집 단계에서 원고가 조금 바뀐다 하더라도 작품의 전체적인 분위기는, 대개의 경우 진성 독자들을 배신하지 않습니다. 독자들 역시 작가의 변하지 않는 지문이 보이기 때문에, 언제나처럼 편하게 읽을 수 있습니다.

그런데 요즘 인기 있는 작가들을 보면 십중팔구 소셜 미디어를 통해 독자들과 직접적인 소통을 하는 경우가 많더군요. 저도 텍스트 작성에 특화된 페이스북에 시시콜콜 잡담을 늘어놓습니다. 오만

가지 삼라만상에 관한 잡담을 늘어놓다 보면 댓글창에 제가 쓴 글을 지적하는 분들이 간혹 있어요. 밑도 끝도 없이 욕부터 하는 사람들은 그냥 공기 취급하고 넘어가지만, 진지하게 지적하는 분들의 글은 세심하게 읽어 보고 저도 검색을 하거나 레퍼런스를 다시 확인한 후 본글을 수정합니다. 그리고 대댓글로 "미처 생각하지 못했던 부분을 지적해 주셔서 고맙습니다."라는 감사를 반드시 표합니다. 지극히 상식적이고 당연한 태도라고 생각해서 할 뿐인데, 의외로 저의 이런 모습을 좋아하는 페이스북 친구(이하 페친)들이 정말 많습니다. 아니 제가 무슨 레오나르도 다빈치도 아닌데 당연히 모르는 게 있죠. 그걸 집단지성의 힘이랄까, 아무튼 그 분야의 전문가 페친이 나타나 제가 잘못 알고 있던 부분을 가르쳐 주니 당연히 감사하지 않겠습니까?

그런데 페이스북을 하다 보면 이렇게 당연한 것을 못 하는 어른들이 정말 많다는 걸 느낄 수 있습니다. 그들은 왜 이렇게 잘못을 인정하지 않고 고집을 피우는 것일까요? 오랜 관찰 끝에 저는 "다른 사람들도 보고 있기 때문"이라고 결론을 내렸습니다. 페이스북의 글쓰기를 통해 유명해진 사람이든, 원래 글을 쓰는 일을 하다가 페이스북으로 들어온 사람이든, 일단 글을 오래 써 온 사람들이라면 기본적으로 유명인입니다. 요즘 말로 '핵인싸'죠. 그러다 보니 정말 많은 사람이 그 유명인의 담벼락을 방문하는데, 그 안에는 앞서 말했듯

진성 독자팬을 넘어 아예 계정 주인(글쓴이)의 말이라면 뭐든지 믿어 버리는 골수팬들도 있더군요. 그런데 앞서 말한 자신의 잘못을 지적하는 댓글이 달리면 글쓴이 뿐만 아니라 이 골수팬들도 당연히 봅니다. 글쓴이 입장에선 자기 팬들 앞에서 자신의 잘못을 인정하는 게 쪽팔린다고 생각하는 것이겠죠. 하지만 알고 보면 그 일견 '쪽팔려 보이는' 행동을 끝끝내 하지 않는 바람에 기실 엄청난 타격을 입게 되죠. 잘못을 인정하지 않은 그의 태도 때문에 그의 글을 즐겨 봐왔던, 진성팬보다 훨씬 더 많은 수의 소리 없는 눈팅 독자들이 떠나가 버립니다.

그래서 태도가 중요하다는 것이고, 태도 못지않게 공감 능력이 중요합니다. 독자들에게 폭넓은 지지를 얻는 작가들이 있습니다. 그들이 다루는 테마를 보면 독자들의 공감대를 사는 경우가 많습니다. 소설 『82년생 김지영』이나 에세이 『나는 나로 살기로 했다』 같은 작품은 일본어로도 번역 출간되었는데 둘 다 엄청난 베스트셀러가 되었습니다. 일본은 한국보다 여성 차별 및 불평등이 심한 사회입니다. 가장 큰 문제는 일본 사회가 이런 사회라는 것을 모르고 있는 여성이 정말 많다는 거죠. 일본의 여성 독자들이 위의 책들을 보며 "마치 망치로 머리를 한 대 맞은 것 같다, 새롭게 다시 태어났다, 앞으로는 내 생각을 확실히 말하겠다." 등의 감상을 말하고 있습니다. 물론 한국 번역서 중에는 기획력에 바탕을 둔, 만들어진 베스트셀러도 있습니다만, 위의 두 작품은 별다른 홍보도 하지 않았습니다. 하지만 일본 독자의 호응을 이끌어 냈죠. 그들의 공감대를 깊숙이 자극했기 때문이며, 이는 곧 이 책들을 쓴 조남주 작가과 김수현 작가의 공감 능력이 뛰어나다는 것을 방증합니다.

반면 미투 운동 등으로 인해 몰락해 버린 아티스트들도 꽤 있습니다. 이들은 공교롭게도 중년 이상, 남자, 그 해당 표현예술 분야의 권력자라는 공통점을 가지고 있습니다. 이들이 몰락한 이유, 혹은 업계에서 퇴출된 이유는 매우 간단합니다. 공감 능력의 결여입니다. 그들이 아무리 빛나는 작품들을 만들어 냈다손 치더라도 그건 과거의 영광일 뿐입니다. 서사를 이끌어 가는 연출력이 뛰어나고, 묘사력이 아무리 대단하더라도 당대 사회의 공감대를 끌어낼 수 없다면, 그리고 변화하는 사회의 상식에 걸맞은 생각과 표현의 교정을 스스로 하지 못한다면 도태될 수밖에 없죠. 이건 굳이 표현예술 분야에만 한정된 것이 아닙니다. 웬만큼 나이를 먹은 중년들이, 묻지도 않았는데 아직도 수십 년 전 본인이 나온 대학 간판을 거론하며 어쩌고저쩌고할 때가 있습니다. 저는 실제로 이런 사람을 좀, 아니 많이 봤는데요. 솔직히 그런 소리 들을 때마다 '아니 얼마나 자랑할 게 없으면 저러지?'라는 생각을 합니다. 이런 생각을 한다는 것 자체가 그의 출신 학교 이야기는 좌중의 공감 능력을 불러일으키지 못한다는 겁니다.

아 참, 이 책을 여기까지 읽었다는 것은 앞으로 글을 좀 써 보겠다는 마음이 있다고 생각해도 되겠죠? 그래서 하는 말입니다. 글을 계속 쓰기로 결심했고, 이왕이면 돈 받고 글 쓰는, 일종의 '프로'가 되겠다고 마음을 먹었다면 사람들의 공감대를 폭넓게 자극하는 글을 써야 합니다. '내가 추구하는 길이 있다!'고 주장해도 됩니다만, 남들이 공감하지 않거나 소수의 사람만 환영하는 그 길로 가서 성공한 사람 별로 못 봤습니다. '왜 내 글은 안 읽히는 걸까? 왜 출판사에서 연락이 안 오지? 왜 세상은 나를 몰라주는 걸까?'라고 신세 한탄하며 아까운 시간만 낭비하고 있는 거죠.

오해하는 사람들이 있을까 봐 덧붙여 말합니다만, 당신이 추구하는 길과 대중의 공감대를 자극하는 테마에 대해 쓰는 것은 전혀 상반 관계가 아닙니다. 오히려 상호보완 관계가 맞습니다. 추구하는 길을 가면서, 요즘 대중의 트렌드는 뭔지 공부하고 자기가 지금 쓰고 있는 작품에 적용도 해 보고 그러는 거죠. 아무도 귀 기울이지 않는 자기만의 고집 피우지 말고 폭넓게 이것저것 배우며 유연한 사고를 하세요. 그 사고가 축적되고 쌓이다 보면 어느새 대가가 되어 있을 겁니다. 물론 여기저기서 글 좀 써 달라는 연락도 올 것이고요. 글을 쓰기로 마음먹은 이상, 대중과 함께하는 공감 능력을 잊지 않으시길 바랍니다.

그 외 중요한 팁
― 교정 작업의 중요성, 객관화시키기, 한자 공부 등등

주위 동료들을 둘러보면 원고를 마감하면 그걸로 땡이라는 사람들이 종종 보입니다. 신문이나 잡지사(특히 주간지) 원고는 그런 경우가 더 많지요. 초고를 바로 넘기는 거죠. 물론 저도 이 비판에서 자유롭지 못합니다. 다만 변명을 좀 하자면, 본업이 육체노동자이다 보니 힘든 현장도 있기 마련입니다. 졸린 눈을 비비며 몇천 자씩 쓰고 나면 정말 다시 읽고 싶지 않은 경우가 두어 번 정도 있었던 것 같습니다. 그래도 염치는 있어서 원고를 해당 편집기자에게 보내면서 사실대로 말합니다.

"진짜 오늘 현장이 너무 힘들어서 일단 쓰긴 썼는데 다시 읽어 보지 못했으니까 한 번 읽어 보셔야 할 겁니다. 죄송합니다."

그러면 다들 알겠다고 하며 오히려 "원고 마감 시간에 맞춰 보내 줘서 고맙습니다."라는 인사를 덧붙인 답장이 도착합니다. 담당 편집기자도 참 예의가 바릅니다. 이런 답장을 받으면 저도 기분이 홀가분해지고 '다음부터는 더 잘 써야겠다.'라는 생각을 합니다. 이렇게 본인이 쓴 글을 다시 읽어 보는 작업을 '퇴고(推敲)'라고 합니다. 손가는 대로 쓸 때는 미처 알아채지 못했던 오탈자를 잡아내고, 아예 글 전체를 손볼 때도 있습니다. 2,000자 이내라면 괜찮지만, 흔히

신문 한 면을 통으로 장식한다는 4,000자짜리 글은 이미 분량 자체가 절대적으로 많기 때문에 글이 잘 나가다가 갑자기 비약되고 어색해지기도 합니다. 오탈자는 편집자가 잡아내도 이런 논리 비약은 편집자가 잡아내지 못하는 경우가 있습니다. 글쓴이의 의도라고 생각하기 때문입니다. 또 편집자가 보기에 비약됐다는 생각이 들어도, 웬만한 신뢰 관계가 형성돼 있지 않으면 글쓴이에게 지적하지 않거나 못하는 풍토가 자리 잡고 있죠. 원고가 아예 엉망이면 다시 써 달라고 말할 수 있는데 이것도 아니고 저것도 아닌 애매한 케이스는 더더욱 그렇습니다.

그렇기 때문에 퇴고가 필요한 것입니다. 신문에는 자기 이름으로 나가니까요. 독자들이 편집자의 역할이나 내부 시스템을 알 필요가 없죠. 신문에 실리는 글 자체가 이미 독자들이 돈 주고 사 보는 완성재이고(포털에 실리는 기사들도 공짜 같지만, 해당 칼럼 페이지에 노출되는 광고를 생각하면 독자가 광고료를 지불하고 읽는 것입니다.) 독자들은 해당 글을 생산한 칼럼니스트를 기억합니다. 저도 정말 댓글로 많이 까이는데 사실 어쩔 수 없죠. 제품을 구입한 소비자들이 하는 말인데, 생산자가 뭐라고 할 수 없으니까요. 하지만 여러분은 이미 강철 같은 멘탈의 소유자면서, 대중과 공감할 수 있는 자질을 갖춘 상태이니 그러한 댓글을 보더라도 상처받지 않거나 받아들일 수 있는 진지한 조언들은 충분히 접수할 수 있을 것입니다. 물론 이도 저도 아

닌, 뜬금없는 막말이나 욕설을 일삼는 인간들의 댓글은 반드시 캡처 후 경찰서에 고발하세요. 인생은 실전임을 알려 줌과 동시에 원고료보다 많은 합의금을 받아, 멘탈 회복을 위한 소고기 꼭 사 드시길 바랍니다.

아무튼 기본적으로 일기가 아닌 이상 여러분이 쓰는 모든 글은 타인에게 읽힌다는 점을 기억해야 합니다. 그들이 이해하기 쉽게 간결하게 써야 하며, 쓴 후에도 몇 번씩 다시 읽고 점검해야 합니다. 글쓰기는 욕구와 습관이지만, 퇴고는 훈련이며 루틴이니까요. 후자를 잘하는 사람이 (제 경험칙이지만) 오래가고 또 살아남습니다. 꼭 명심하세요.

한편 정기적으로 발행되는 매체에 실리는 글이 아닌, 출간을 전제한 글들은 약간 다릅니다. 이것 역시 써 보면 알게 될 거예요. 초고를 던지면 수정교가 오고, 그걸 보면서 다시 재고를 써서 보내면, 재고 수정교라는 파일 이름을 단 메일이 도착하죠. 3고, 4고까지 수정하는 경우도 있어요. 이러한 편집 작업을 거의 원고 쓴 시간만큼 반복하기 때문에 사실 웬만큼 구력이 쌓이면 엄정한 퇴고는 안 하게 됩니다. 어차피 다 뭐, 하하하.

반은 농담인데, 저는 두어 번은 주욱 읽어 봅니다. 자기가 직접 쓴 몇만 자를 넘는 장문의 글을 읽어 볼 때 드는 뿌듯함은 본인만이 느낄 수 있으니까요. 네, 관종 맞습니다. 솔직히 글 쓰는 사람치고 관종 아닌 사람 없습니다. 물론 작가들 중에 내성적인 사람도 많습니다만, 그들은 사회적 활동이나 대인 관계 등을 꺼려 할 뿐이지 다들 마음속에 '흑염룡' 한 마리씩 키우고 살고 있죠. 관심을 두려워하면 아예 글을 쓸 수가 없거든요. 나아가 이러한 뿌듯함이 객관화된 감정이라면 더 말할 나위 없이 완벽해요. 일단 안 읽히는 건 아예 논외로 두겠습니다. 내가 쓴 글을, 내가 읽어 봐도 재미없고 이해 안 되면 누가 읽겠습니까. 아예 말이 안 되는 거죠.

문제는 내가 읽었을 때 정말 잘 읽히는 경우입니다. 분명히 환상적인데, 다른 사람들은 아니라고 할 때가 있습니다. 아 참, 그리고 이 상황까지 오면 페이스북은 전혀 도움을 못 줍니다. 페친들은 웬만하면 싫은 소리 안 할뿐더러 이미 당신의 캐릭터와 콘텍스트를 알고 있는 상황이라 글이 좀 그래도 이해하고 넘어가거든요. 다 읽지도 않았으면서 '좋아요'도 누르고 "와! 개쩐다. 이거 언제 책으로 나와요? 계좌번호 알려 주세요. 유료 결제하겠습니다. 후덜덜……" 등등의 댓글을 다는 경우도 허다합니다.

이럴 경우 어떻게 하느냐? 신뢰할 수 있는 오프라인의 독서 모임, 그리고 온라인의 창작자 커뮤니티 등에 작품의 도입부를 올려 봅니다. 2,000자에서 3,000자 사이가 적당합니다. 창작물이라면 대충 2화 분량이고 어떤 리뷰나 비평이라면 자신의 완결된 생각을 표현하기 충분한 길이예요. 온오프를 막론하고 이런 곳에 모이는 사람들은 활자 콘텐츠에 관한 감각이 남다르므로 그들의 반응만 봐도 대충 각이 나와요. 그리고 그들이 당신의 작품을 비평하는 포인트를 잘 체크해야 합니다. 왜냐하면 매번 자신의 창작물을 독서 모임에 부탁하거나, 불특정 다수에게 공개할 수 없는 노릇이니까요. 전자는 미안하고, 후자는 창작 아이디어를 뺏길 수 있거든요. 응모전 출품도 좋은 방법입니다. 다만 응모전은 입상을 해야 프로의 평가를 들을 수 있다는 단점이 있습니다.

그렇기 때문에 객관화된 타인의 감상 포인트를 체크하는 겁니다. 그것이 비판이든 칭찬이든 상관없습니다. 이들의 의견을 잘 파악하고 스스로를 객관화시킬 수 있게 되면 앞으로는 미안한 감정이나 아이디어 도용의 위험 없이 자기가 쓴 글은 자기가 객관화된 판단을 내릴 수 있기 때문입니다. 그런데 사실 이 경지까지 가 버리면 당신은 이미 소문난 프로 작가가 되어 있을 거예요. 부디 좋은 글 많이 써 주시길 바랍니다.

마지막으로 외국어 하나 정도는 마스터합시다. 저도 처음 제 이름을 걸고 냈던 책은 번역서였습니다. 11년이 지난 지금도 절판되지 않고 꾸준히 팔리고 있는, 일종의 스테디셀러인데요. 20만 자에 달하는 아주 고단한 작업이었습니다. 하지만 이 책을 번역한 덕분에 한자 어휘력에 관해선 아마 상당한 수준에 이르렀다고 자부합니다. 한글로 글을 쓰실 분들은, 당연한 말이겠지만 한자어를 아주 많이 쓰게 될 것입니다. 지금 이 상황에 내가 쓰고자 하는 단어를 더 제대로 쓰고 싶을 때 한자를 모르는 것과 아는 것은 매우 큰 차이가 납니다. 헷갈리는 단어들, 이를테면 계발(啓發)과 개발(開發)은 전혀 다른 뜻입니다. 그런데 많은 사람이 '자기 계발(自己啓發)'을 '자기 개발'이라고 잘못 씁니다. 이런 건 한자를 조금만 공부하면 바로 알 수 있습니다. 적확(的確)이라고 써야 할 자리에 정확(正確)이라고 쓰는 것도 그렇고, 심지어 '다르다'와 '틀리다' 같은 순수 우리말 단어도 그것이 쓰이는 한자어를 알면 금방 해결됩니다. 다를 이(異)가 쓰이는 차이(差異)와 틀릴 오(誤)가 쓰이는 오해(誤解)를 보면 확 다가옵니다.

가령 전자가 주로 쓰이는 단어 중에 '문화적 차이'가 있습니다. 다른 나라와 한국 간의 문화 차이를 설명한다고 칩니다. 그 차이는 과연 우열을 가릴 수 있는 건가요? 당연히 아니죠. 누가 맞다, 틀리다가 아니라 그냥 다를 뿐입니다. 반면 후자의 오해는 어떤가요? 여러분이 학교나 회사에 조금 늦게 도착했다고 칩시다. 지각 이유를 설명했는데, 선생님이나 직장 상사가 여러분의 설명을 잘못 이해하고, 즉 '오해'를 하고 화를 내면 그건 다른 걸까요, 틀린 걸까요? 당연히 틀린 것입니다. 어떻습니까, 금방 이해되죠?

물론 한자를 모른다고 해서 엄청나게 큰 문제가 있는 것은 아닙니다만, 일단 편집자는 무지하게 힘들어지겠죠. '자기 개발'과 '자기 계발' 같은 기본적인 단어도 수정해야 하니까요. 그리고 그 편집자는 겉으로 표현하진 않겠지만 속으로는 '아니 뭐 이런 단어도 틀리지……' 하면서 여러분을 깔볼지도 모릅니다.

그러니까 이왕 잘 쓰려고 마음먹은 것 한자 공부도 병행해서 이런 걸로 무시당하지 말고 나아가 자신만의 장점을 더욱 확고히 할 수 있다면 더 좋지 않을까요? 공부해야 할 것이 늘어났지만 변함없이 응원합니다.

결국 태도로 귀결된다.

이제
글 쓰러
갑시다

"오늘 마감할 게 있어서 도저히 못 가겠다. 미안해. 흑흑."

지금은 사무실에서 글을 씁니다. 집에서는 글을 안 쓴다기보다, 이젠 못 쓰게 되었습니다. 아이들이 넷이나 되고 또 서로 친하기 때문에 글 쓸 시간이 없습니다. 한창 놀 때라서 저도 놀아 줘야 하니까요.

하지만 글의 양은 더 늘어났습니다. 그래서 원고 마감날에는 항상 위와 같은 메시지를 아이들에게 보냅니다. 처음에는 실망했었지만, 이젠 다들 적응해서 그러려니 합니다. 이런 말을 지인들에게 하면 "미리 조금씩 시간 내서 쓰면 되잖아?"라는 궁금증 섞인 질문을 받습니다. 처음에는 "진짜 그래야겠어. 마감날만 되면 너무 힘들어."라고 공언도 하고 정말 그런 마음을 먹습니다만, 시간이 흐르면서 알게 됐습니다.

글은 마감날이 아니면 안 씌어진다는 사실을요. 그래서 정기 매체에 기고하는 칼럼들은, 흔히 '마감로이드'라 일컬어지는 정체불명의 힘에 의존해 항상 원고 마감날에 작성합니다. 그런데 마감날에 쓰다 보면 서너 번에 한 번꼴로 글이 잘 안 나오고, 하지만 집에 가서는 위의 이유들로 못 쓰니까 저런 메시지를 보내고 그날은 사무실에서 원고와 씨름하며 밤을 새는 거죠. 그리고 씨름 도중에 시간을 벌었다는 안도감에 유튜브도 보고, 페이스북도 읽고, 야구 하이라이트도 보고.

신기한 건 마감날일수록 시간이 유난히 빨리 흘러간다는 겁니다. 화들짝 놀라 총력전을 펼친 끝에 겨우겨우 납기를 마치고 안도의 숨을 내쉬죠. 하지만 이 안도의 수명은 대개 일주일입니다. 『쓴다는 것』 원고를 쓰면서 정말 내가 어디에 뭘 쓰고 있는지 한 번 살펴봤는데 보통 10일에 한 번꼴로 어딘가에 무엇인가를 써야만 하더군요. 그러니 일주일이 맞습니다. 일주일 동안은 편안한데 8일째 되는 날 불안해지고, 9일째에는 테마를 찾아야 하며 10일째엔 마감을 해야합니다. 이 루틴을 지난 1년여간 규칙적으로 해 오면서 그 안에 단행본도 써야 하고 번역 원고도 의뢰받으며 단발성 기고 요청에 라디오 방송 출연(이것도 미리 원고를 써야 편합니다.)도 있습니다. 2018년과 2019년은 매체 기고는 상대적으로 적었지만 세 권의 단행본과 대량의 번역, 감수 작업이 있었지요. 이렇게 해서 뭔가가 나오면 아이들에게 보여 줍니다. 아이들은 처음에는 신기한 듯 눈이 휘둥그레지지만 이젠 다들 적응됐는지 별로 신경도 안 씁니다. 그런데 한 번 미우(2020년 현재 중학교 3학년)가 얼마 전에 묻더군요.

"아빠는 매일 그렇게 뭔가를 쓰잖아? 맨날 그렇게 막 뭔가가 떠오르는 거야?"

한 번도 생각해 보지 못한 질문이라 바로 답을 못 하고 어물쩍거

렸죠. 성격 급한 질풍노도의 시기 한복판의 그는 한 3초 정도 기다리다가 "에휴, 아냐. 아빠도 모르는 뭔가가 떠오르나 보지 뭐……."라고 약간은 포기한 듯한, 처연한 웃음을 지으며 자기 방으로 가더군요.

돌이켜보면 이 책은 그의 질문에 답을 못 했던 '3초의 정적'을 풀어낸 것일지도 모릅니다. 요약하자면 루틴입니다. 표현하고자 하는 욕구가 있다면 재능 같은 거 없어도 됩니다. 자신의 일과에, 무의식적으로 행해지는 생활 패턴에 '쓴다는 것'이 들어와야 하는 거죠. 양치질 같은 것이 되어야 합니다.

본문에서 말했지만 저는 20대 중반 이후에, 상대적으로 꽤 늦게 이 루틴이 제 라이프사이클에, 특히 페이스북이 계기가 되어 들어온 것 같습니다. 물론 그전에 저널리스트도 했고, 그보다 더 전에는 시나리오 작법을 전문적으로 공부하기도 했지만, 그때까지만 하더라도 루틴은 아니었죠. 항상 지겨웠습니다. 사람을 만나 취재하는 건 즐거운데, 그걸 풀어내 기사로 작성하는 건 정말 얼마나 귀찮던지.

그런데 페이스북을 통해 언제 어디서건 부담 없이 쓰다 보니, 그리고 페친들과 팔로워들이 본다고 생각하니 아예 엉망인 글은 못 쓰겠고 나름대로 신경을 쓰게 되더군요. 2016년 10월부터 그렇게 페이스북을 시작했고, 제가 매일같이 올리던 글을 본, 일본 특파원 경험이 있는 『경향신문』의 서의동 논설위원이 일본 이야기를 써 달라고 해서 2017년 1월부터 2년간 「박철현의 일기일회」라는 칼럼을 연

재한 것입니다. 그 칼럼을 보고 책을 내자는 제의가 왔고,『어른은 어떻게 돼?』가 나온 이후 다시 다른 출판사나 신문사들과 계약을 하게 됐고, 그걸 쳐내는 와중에 다시 또 연락들이 오고……. 그야말로 글쓰기의 무한루프에 빠져 범인은 상상조차 불가능할 정도의 방대한 양의 원고를 근 3년간 매일같이 쳐내고 있는 겁니다. 그래서인지 몰라도 많은 페친이 지금도 "아니, 본업인 인테리어 노가다도 하면서 어떻게 그렇게 수많은 글을 쓸 수가 있나?"라고 묻습니다. 그들에게는 아마도 제가 상상을 초월하는 방대한 작업을 수행하고 있는 것처럼 느껴지나 봅니다.

그런데 아닙니다. 우리 아이들이 제가 글을 쓴다고 집에 못 간다고 하면 처음에는 울상을 지었지만, 지금은 아무렇지도 않게 생각하듯(물론 슬프긴 합니다.) 글쓰기도 마찬가지입니다. 결국 적응이고 루틴입니다. 삼시 세끼를 매일 먹어야 하듯, 큰아이가 궁금해했던 '뭔가가 막 떠오르는 것'들도 마감날이 되면 반드시 떠오릅니다. 몸이 그렇게 세팅되어 있는 것이죠. 신기하지 않습니까? 이게 어떤 경지인지 궁금하지 않습니까? 그렇다면 지금 당장 시작하십시오.

몇 년 후 어느 날을 상상합니다. 우연찮게 펼친 잡지에서 그다지 특별할 것도 없는 '작가와의 대화' 같은 인터뷰 기사를 읽어 내려갑니다. 인터뷰어가 이런 질문을 해요.

"어떻게 이렇게 젊은 나이에 이런 작품을 쓸 수 있었나요?"

그러자 혜성같이 등장한 신예 작가가 그 질문에 이런 대답을 하는 거죠.

"고등학교 다닐 때 『쓴다는 것』인가? 아무튼 글쓰기 책, 아니 그렇게 말하기엔 조금 애매한, 인생을 사는 루틴에 관한 책을 읽었었는데 지금 생각해 보면 그거 덕분인 것 같네요. 참 신기한 책이었어요."

작가의 답변을 읽는 순간 마시던 커피를 뿜을 정도로, 객관화된 뿌듯함에 소름 돋을 것 같습니다. 이 책을 마치는 저의 소소한 희망이자 바람입니다. 다 읽느라 수고하셨습니다. 그럼 이제 쓰러 갑시다.

이제 글 쓰러 갑시다.

마강날.

타악
타악

하- 쉽지 않군.

저ㅔ이이잉

응. 지금 마감 중이라.
미안해!

그래도 마감날이 되면 신기하게도
뭔가 쓰게 됩니다. 적응과 루틴 덕분에
몸이 그렇게 세팅되어 있는 거죠.

생각이 찾아오는 학교 너머학교

그린다는 것
세상에 같은 그림은 없다
노석미 글 · 그림

관찰한다는 것
생명과학자 김성호 선생님의 관찰 이야기
김성호 글 | 이유정 그림

말한다는 것
연규동 선생님의 언어와 소통 이야기
연규동 글 | 이지희 그림

이야기한다는 것
이명석 선생님의 스토리텔링 이야기
이명석 글 · 그림

기억한다는 것
신경과학자 이현수 선생님의 기억 이야기
이현수 글 | 김진화 그림

가꾼다는 것
'내-생태계'와 함께 성장하는 이야기
박사 글 · 그림

차별한다는 것
차별을 알면 다름이 보인다
권용선 글 | 노석미 그림

듣는다는 것
음악으로 듣는 너의 이야기
이기용 글 | 이유정 그림

보여진다는 것
보는 나와 보여지는 나 사이에서 살아가는 법
김남시 글 | 이지희 그림

쓴다는 것
매일매일 더 나아지는 나를 위한 글쓰기
박철현 글 | 이윤희 그림

삼국유사,
끊어진 하늘길과 계란맨의 비밀
일연 원저 | 조현범 지음 | 김진화 그림

종의 기원,
모든 생물의 자유를 선언하다
찰스 다윈 원저 | 박성관 지음 | 강전희 그림

너는 네가 되어야 한다
고전이 건네는 말 1
수유너머R 지음 | 김진화 그림

나를 위해 공부하라
고전이 건네는 말 2
수유너머R 지음 | 김진화 그림

독서의 기술,
책을 꿰뚫어보고 부리고 통합하라
모티머 J. 애들러 원저 | 허용우 지음

우정은 세상을 돌며 춤춘다
고전이 건네는 말 3
수유너머R 지음 | 김진화 그림

대화편,
플라톤의 국가란 무엇인가
플라톤 원저 | 허용우 지음 | 박정은 그림

감히 알려고 하라
고전이 건네는 말 4
수유너머R 지음 | 김진화 그림

아Q정전,
어떻게 삶의 주인이 될 것인가
루쉰 원저 | 권용선 지음 | 김고은 그림

언제나 질문하는 사람이 되기를
고전이 건네는 말 5
수유너머R 지음 | 김진화 그림

경연,
평화로운 나라로 가는 길
오항녕 지음 | 이지희 그림

유토피아,
다른 삶을 꿈꾸게 하는 힘
토머스 모어 원저 | 수경 지음 | 이장미 그림

작은 것이 아름답다,
새로운 삶의 지도
에른스트 프리드리히 슈마허 원저 | 장성익 지음 | 소복이 그림

성서,
삶의 진실을 향한 무한 도전
손기태 지음 | 이유정 그림

더불어 고전 읽기

욕망,
고전으로 생각하다
수유너머N 지음 | 김고은 그림

사랑,
고전으로 생각하다
수유너머N 지음 | 전지은 그림

진화와 협력,
고전으로 생각하다
수유너머N 지음 | 박정은 그림

다음 세대를 위한 북한 안내서
한 걸음 더 가까이 평화의 시대 북한, 북한 사람들
서의동 글 | 김소희 그림

그림을 그린 **이윤희** 선생님은
대학에서 애니메이션을 공부하고 일러스트레이터이자 만화가로 활동하고 있습니다. 만화책 『안경을 쓴 가을』,
『열세 살의 여름』을 냈고, 『두 배로 카메라』, 『10대들을 위한 나의 문화유산답사기』, 『말하기를 말하기』 등에 그림을 그렸습니다.

쓴다는 것

2021년 3월 5일 초판 1쇄 인쇄
2021년 3월 15일 초판 1쇄 발행

지은이	박철현
그린이	이윤희
펴낸이	김상미, 이재민

편집	서현미
디자인	정계수

종이	다올페이퍼
인쇄	청아문화사
제본	국일문화사

펴낸곳	너머학교
주소	서울시 서대문구 증가로20길 3—12
전화	02)336—5131, 335—3366, 팩스 02)335—5848
등록번호	제313—2009—234호

ISBN 978—89—94407—85—2 44080
ISBN 978—89—94407—10—4 44080(세트)
www.nermerbooks.com

너머북스와 너머학교는 좋은 서가와 학교를 꿈꾸는 출판사입니다.